Feltrinelli KIDS

Enrico Racca

L'ESTATE DEI RIBELLI

UNA STORIA DELLA RESISTENZA

Disegni di Francesco Camporeale

Feltrinelli KIDS

Pubblicato in accordo con Grandi & Associati, Milano

Prima edizione in "Feltrinelli Kids" aprile 2022

Disegni e note calligrafiche degli interni
FRANCESCO CAMPOREALE

Stampa Grafica Veneta di Trebaseleghe – PD

ISBN 978-88-07-92366-1

FSC
www.fsc.org
MISTO
Carta
da fonti gestite in
maniera responsabile
FSC® C021883

A mio nonno Antonio
che mi ha insegnato
a non aver paura

A mio fratello Andrea
che mi ha insegnato
ad avere coraggio

Le bande

BANDA DELLA STAZIONE
Antonio, Cecilia, Teresa, Melo, Spillo, Giorgino

BANDA DELLA PIAZZA
Alessandra, Mario, Agnese, Camilla, Maria, Gina

BANDA DEL MULINO
Adrien, Donato, Fulmine, Caterina, Angelo, Francesca Romana

BANDA DEI BAROTTI
Michele, Diego, Piero, Michela, Rita, Nicola, Primo

PRIMA PARTE

Qui ci vorrebbe un disegno!
(ma non sono mai stata un granché)

Capitolo 1

"Va bene, voi siete Würstel, Kartoffeln e Kaputt."

"Ma che nomi sono?" Cecilia si era alzata in piedi, con il mento proteso in avanti in direzione di Antonio e le mani minacciosamente strette intorno ai fianchi.

"Non è colpa mia se avete scelto di fare i Tedeschi," sogghignò Antonio.

"Non abbiamo scelto. Ci hai obbligato! Noi sempre i Tedeschi e voi sempre i Partigiani."

Antonio sorrise. Voltò le spalle a Ceci e, guardando i compagni di squadra, disse: "Io sarò il partigiano Morgan, come il pirata. E naturalmente sono il capitano. Tu sarai Diavolo. E tu, Teresa, sarai Mirina".

Teresa si voltò. Ci sentiva solo da un orecchio e spesso si faceva ripetere le cose due volte. Non in quell'occasione. Aveva sentito bene, così bene da scattare come una molla: "Mirina? Ma che nome stupido è?".

"Mirina era la regina delle Amazzoni. Un nome da guerriera!"

"È orribile. Voglio un nome da guerriero maschio."

"Allora sarai Ettore!" suggerì Antonio.

"Ettore è il cane del panettiere. Sarò Mazzola," disse lei, di rimando.

"Che c'entra Mazzola? Lui gioca a calcio."

"Mio papà dice che è l'unico grande eroe."

"Va bene," sospirò il capobanda. "Sarai il partigiano Mazzola."

Mentre Valentino Mazzola, il calciatore più forte del mondo, giocava il campionato di guerra dell'Alta Italia con il suo formidabile Torino, e Teresa Mazzola sfidava i Tedeschi nel piazzale della stazione, intorno ai campi da calcio, veri o improvvisati, si combatteva. Nove mesi prima era stato firmato l'Armistizio, l'accordo con cui l'Italia si arrendeva senza condizioni agli americani, inglesi e francesi, ma la guerra non era finita. Semplicemente, gli alleati di prima ora erano i nuovi nemici, e l'invasore tedesco era lì, a rovinare i primi giorni d'estate, gli ultimi giorni di scuola. Si riconosceva dal passo pesante, dall'accento duro, e dall'alito cattivo di chi mangia troppa carne e si lava poco i denti. Da qualche settimana un reparto nazista aveva occupato l'orfanotrofio ma, tutto sommato, Montecalvo, fedele al suo soprannome "Montecalmo", rimaneva ancora un paese tranquillo.

In quel pomeriggio di giugno del 1944, la Banda della Stazione giocava nel grande piazzale sterrato, sollevando nuvole di polvere a ogni passo, a poca distanza dalla camionetta dei militari tedeschi. Quei crucchi capivano che ogni tanto si parlava di loro? E si sarebbero offesi se avessero saputo che nessuno, nelle leggendarie partite che si svolgevano lì vicino, voleva mai fare la parte dei Tedeschi? Antonio un po' ci sperava.

Nelle sfide organizzate da lui, il capobanda indiscusso, le squadre erano sempre due: Tedeschi e Partigiani. Quando c'era abbondanza di giocatori, potevi aggiungere quella degli Alleati. Ma era certo che Antonio sarebbe finito in squadra dei Partigiani. Quel giorno, insieme a Melo e Teresa, si trovava a fronteggiare i "crucchi" Spillo, Giorgino e Ceci, e stava in porta, come sempre.

"Rigore, questo è rigore!" urlò Antonio dalla linea di porta, segnata con il tallone, a congiungere le due maglie buttate in terra al posto dei pali.

"Non l'ho toccata," provò a difendersi Spillo, ma anche la compagna di squadra Ceci dovette ammettere che afferrare con la mano la caviglia di Teresa, proprio mentre lei stava caricando il tiro, non poteva che essere considerato un fallo da rigore.

Teresa si rialzò pulendosi dalla polvere e aspettò Antonio. I rigori li calciava lui, sempre. Con la sua andatura lenta e zoppicante, il capobanda si mosse dalla porta opposta. Lo guardarono arrivare, come un pistolero che incede sulla strada principale del paese in un film western, mentre il vento fa rotolare un cespuglio di rovi. Sistemò, nel silenzio, la preziosa palla di cuoio scuro e fece due passi indietro. Era infallibile. Lo sapevano tutti, e soprattutto Giorgino, che in quel momento si pulì le mani sui calzoni, pronto al tentativo disperato di respingere il rigore di Antonio.

Come ci riuscisse, nessuno lo sapeva veramente. La sua gamba destra era minuscola, con un muscolo sottile e incerto appiccicato alle ossa. Sembrava la zampa di una rana. Antonio la trascinava con fatica e a ogni passo la punta del piede dondolava da destra a sinistra, resistendo a qualsiasi volontà del ragazzo. Antonio aveva avuto la poliomielite, e in fondo gli era andata abbastanza bene. La gamba era debole, ma il cervello era di prim'ordine, e con un buon cervello puoi saltare anche gli ostacoli, come diceva lui. E poi era un rigorista fenomenale, proprio grazie a quel piede, che gli permetteva di nascondere le intenzioni di tiro fino all'ultimo. Oscillando come un pendolo, dava l'impressione di colpire la palla in un punto e spedirla verso un lato della porta, ma poi si riposizionava nell'altro senso e la palla finiva, lenta e inesorabile, dalla parte opposta. Inevitabilmente a fil di palo e in rete. Ogni volta la stessa storia: per il portiere la chiara sensazione di essersi buttato dalla parte giusta, per poi finire infilzato da quella opposta.

Il ragazzo prese la rincorsa, e calciò. Giorgino scelse di tuffarsi a destra e la palla si infilò sulla sinistra.

Antonio alzò le braccia al cielo e urlò "Resistenza!" incurante degli annoiati soldati che presidiavano la stazione. Teresa e Melo gli furono addosso e lo festeggiarono nella polvere del piazzale. Avevano di nuovo vinto i Partigiani.

Capitolo 2

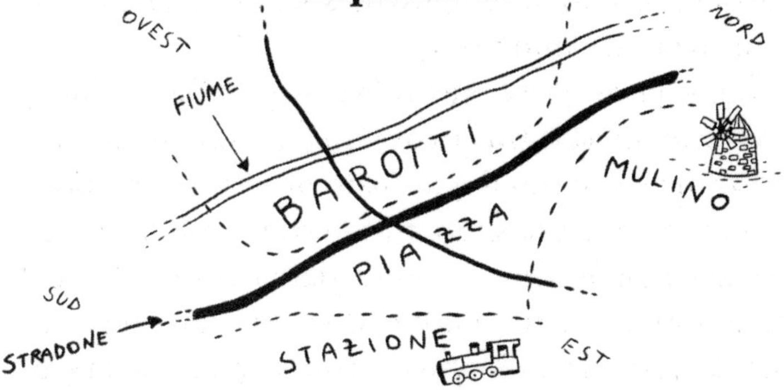

Alessandra non avrebbe voluto chiamare la sua banda la Banda della Piazza. Qualche mese prima era riuscita a convocare i suoi compari per mettere in discussione il nome ereditato da quando la banda aveva Pino per capo. Poi c'era stato Mario, ma per un mese appena, e infine l'ammutinamento delle ragazze. Lo avevano deciso un pomeriggio, riunendosi all'insaputa del capo maschio. C'erano tutte: Alessandra, Agnese, Camilla, Maria e Gina.

Alessandra aveva guidato il colpo di mano: come era possibile che un gruppo di sei persone, di cui cinque femmine, continuasse ad avere un capo maschio? Così era stata acclamata come la nuova guida. Si erano presentate davanti a Mario schierate in riga, pronte ad aggredirlo, almeno a parole. Lui non aveva nemmeno aspettato che aprissero bocca. Aveva allargato le braccia e ceduto volentieri il comando: non gli era mai veramente importato di fare il capo.

"A una condizione, però," aveva aggiunto il ragazzo. "Rimango nella banda."

"Ma certo, Mariolino!" aveva risposto Ale.

"E non mi chiamerete mai più Mariolino!"

"Be', così sono già due condizioni." E tutti si erano messi a ridere.

Per prima cosa, Ale aveva deciso di cambiare il nome della cricca: sarebbero stati la Banda del Ginkgo, che era il loro albero preferito fra quelli del parco che costeggiava il lato lungo della piazza. Tuttavia, alla centesima volta in cui si era trovata a correggere chi insisteva a chiamarli "quelli della Piazza", si era arresa. Continuavano a ritrovarsi sotto il ginkgo, ma non avevano cambiato nome.

Da qualche settimana, forse per via del caldo, non riusciva a smettere di pensare che il Monumento sarebbe stato un posto di ritrovo di gran lunga migliore di quell'albero. Intanto, quei gradoni erano perfetti per sedersi, sdraiarsi e rimanere a chiacchierare per ore. E poi Mario, con la sua scatola a rotelle, lì poteva provare a fare i suoi esercizi, saltando su e giù dagli scalini e finendo inevitabilmente con il culo per terra e le ginocchia sbucciate. Lui lo chiamava "surf" e sosteneva che il prozio americano gli aveva spedito una foto dagli Stati Uniti, che ritraeva un ragazzino in volo in posa plastica, con una tavola da surf in miniatura inchiodata a quattro rotelle. Alessandra lo guardava con simpatia oliare le ruote che aveva staccato a un carrello nel mobilificio del padre e avvitato sulla base di una cassetta di frutta segata a metà. Lo aveva anche provato quel trabiccolo, ma non faceva per lei.

E poi dall'anno precedente, dopo la visita del Duce,

il Monumento era diventato una fontana zampillante che riempiva la vasca di marmo di acqua freschissima. In quel giorno di giugno così caldo non si poteva fare a meno di pensare che l'unica cosa giusta da fare sarebbe stata togliersi le scarpe e mettere i piedi a mollo nell'acqua.

Ma non si poteva. Il "Monumento agli Eroici Caduti della Prima Guerra Mondiale" era stato dichiarato zona franca dopo l'ultima battaglia fra bande, quella in cui Teresa aveva perso l'udito da un orecchio a causa di un lancio di piètre fin troppo preciso.

In particolare, proprio sulla fontana si erano scatenate le discussioni più accese fra i capibanda. L'acqua era sacra. Troppo bella perché una sola delle parti vi potesse accedere. Per cui, quando avevano capito che era impossibile trovare un accordo – "Facciamo a turno?" aveva proposto Antonio. "Noi i giorni di sole e voi quelli di pioggia" –, avevano stabilito solennemente che il Monumento rimanesse a disposizione di tutti e la fontana di nessuno. Intoccabile, inviolabile.

Dopo l'ultima battaglia avevano scontato le punizioni imposte da inflessibili adulti, che di colpo si erano accorti di loro, salvo poi dimenticarsene nei giorni successivi, e infine si erano accordati sulla spartizione del paese. Alla Banda della Piazza spettava il centro, fino alla statale per Cuneo, verso ovest, dove iniziava il territorio dei Barotti. A est, oltre via Piave, si estendeva il territorio di quelli della Stazione. A nord c'erano quelli del Mulino, dove il paese già si faceva campagna. Il Monumento era terra di nessuno, seppure inglobato nel territorio della Piazza. Una specie di simbolo della pace raggiunta, e anche il luogo dei rari incontri fra capibanda. Una specie di Berlino Est, avresti detto qualche anno più tardi, ma allora Berlino era ancora, tutta intera, la capitale dei terribili nazisti di Hitler.

A volte le guerre scoppiano per motivi futili, incomprensibili se letti poco tempo dopo.

Alessandra quel giorno sapeva perfettamente che la sua scelta avrebbe avuto delle conseguenze. Tuttavia la tentazione era troppo forte, e quell'estate troppo calda. Chiamò a raccolta i suoi, si tolse i sandali e lentamente, come chi sa di compiere un gesto da cui non si torna più indietro, infilò la punta dell'alluce nell'acqua della fontana. Si guardò intorno, facendo ondeggiare il cespuglio di capelli rossi e ricci come l'indivia, e poi vi affondò dentro entrambi i piedi. Camilla e Gina la imitarono immediatamente, seguite, dopo un po' di titubanza, dal resto della banda.

Donato passava in bicicletta per le ultime consegne della giornata. Sul telaio della bici del padre, troppo alta perché lui riuscisse a sedervisi in sella, stava piegata la busta di carta da pacchi che conteneva i pantaloni, rammendati e stirati, del gerarca Sparanzani.

Era impossibile passare davanti alla chiesa senza gettare un occhio al parco, dove avrebbe trovato gli odiosi nemici della Banda della Piazza. Ma quel giorno non erano sotto il loro dannatissimo ginkgo.

Erano sul Monumento. No, dentro al Monumento. Stavano con i piedi a mollo nella fontana!

"Non ci credo," si ascoltò dire a voce alta. "È guerra, guerra. Devo andare da Adrien."

Accelerò, spinse, corse, consegnò il pacco senza nemmeno scendere dalla bici e poi si diresse come un fulmine verso il Mulino, il punto di ritrovo della sua banda. Era certo che ci avrebbe trovato il capo. Adrien.

Capitolo 3

Ogni volta che la madre lo portava a Cuneo, per Adriano, o Adrien – alla francese, come preferiva essere chiamato – era un giorno speciale, perché sapeva che, durante la ricorrente visita dal sarto, avrebbe potuto vedere Aronne. Quelle visite, non più di un paio al mese, avevano creato un'amicizia particolare, che si basava su grandi differenze e grandi somiglianze. A entrambi piacevano i libri, gli indovinelli complicati, il Giro d'Italia. Però ad Aronne piacevano i ragni, che Adrien detestava. E Aronne si pettinava i capelli con la riga verso destra, mentre lui verso sinistra. Aronne andava in sinagoga, lui in chiesa. Erano cresciuti a distanza, come diceva sua madre. Ma lui sorrideva al pensiero di quanto fosse *veramente* vero. Perché, una volta al mese, quando si incontravano, prendevano in prestito il metro giallo da sarto del padre di Aronne e si misuravano in altezza appoggiando la testa contro lo stipite della porta. Ed erano sempre alti uguale. Crescevano, uguali, a distanza.

Poi, di colpo, le visite al sarto erano cessate. Il ragazzo aveva origliato qualche conversazione dei genitori: quelle discussioni in cui la voce del padre si faceva dura e tagliente, come pietra aguzza. Fino a quando non se ne era parlato più.

Un giorno di primavera dell'anno precedente, tuttavia, Aronne si era presentato a casa sua, verso sera. Si guardava intorno, appoggiato alla bicicletta, quasi temesse di essere visto. Si erano incontrati per qualche minuto e lui gli aveva spiegato che si era trasferito per un po' a casa di un cugino nella campagna del paese confinante con Montecalvo. I suoi genitori erano dovuti partire per un lungo viaggio, ma a lui stava bene. Adrien pensò che non ci fosse nulla di strano e annuì. Si erano dati appuntamento, ma era un appuntamento strano. "Vengo io a trovarti, quando riesco," gli aveva detto il ragazzo, senza rivelargli dove abitasse.

La seconda visita, a settembre, era stata l'ultima. Quando Adrien era tornato a casa sua lo aveva salutato dalla finestra, guardandolo inforcare la bici e prendere velocità. In quel momento aveva sentito i passi di suo padre dietro di sé. Gli aveva appoggiato una mano sulla spalla.

"Lo hai salutato?"

Adrien aveva annuito.

"Bene. Perché non credo che lo rivedrai molto presto."

Il padre aveva lasciato la stanza senza aggiungere altro. E di Aronne non si era più parlato.

Era passato quasi un anno.

E a questo stava pensando Adrien, mentre lanciava le arachidi al ciccione, con una sigaretta spenta nell'angolo della bocca.

"Adrien!" urlò Donato, mentre Fulmine, a testa in su come una foca, cercava di prendere al volo le noccioline lanciate dal capo, che a ogni tentativo rideva sprezzante.

"Che c'è? Hai visto un fantasma? O hai beccato di nuovo tua madre a baciare la guardia comunale?" gli chiese.

"No, peggio." Donato aveva pedalato così velocemente che gli mancava il fiato.

"E allora parla!" Adrien interruppe il gioco crudele e sfregò un cerino contro il muro per accendersi la nazionale. Fulmine si avvicinò, completamente madido di sudore, non prima di aver raccolto le noccioline che erano finite nella ghiaia e infilarsele tutte insieme in bocca.

Donato riprese fiato.

"Il Monumento. L'acqua!"

"Che cosa? Ci sei finito dentro?!"

"No, quelle della Piazza. Erano lì, al Monumento. Con i piedi nella fontana."

"Come?"

"A mollo."

"Le hai viste tu?"

"Sì, stavo passando in bicicletta, non credo mi abbiano beccato. Ma io ho visto loro. Alessandra e le altre."

Alessandra. Al solo udire quel nome, lo sguardo di Adrien si riempiva di disgusto.

"Quella vacca."

"Non è una vacca, è che..." si intromise Fulmine.

"Stai zitto tu!" ordinò Adrien con cattiveria.

Rimasero in silenzio per qualche decina di secondi. Poi il capo prese la parola.

"Donato, torna là e digli che la tregua è finita."

"Ma non posso, devo andare a casa, mio padre mi ammazza e poi..."

"Vai."

Quel tono e quel ghigno non ammettevano repliche. Donato inforcò di nuovo la bici e, in piedi sui pedali, sparì in pochi istanti.

"Raduna tutti, ciccione."

"Va bene," rispose Fulmine con la bocca piena di giapponesi.

Adrien spense la sigaretta sotto la scarpa, si spolverò la camicia scura con i palmi delle mani e si riavviò il ciuffo di capelli neri come le piume di un merlo. Era considerato il più bello del paese e ci teneva a essere ritenuto tale: magro, atletico e sempre ben vestito. Quando, in occasione delle adunate o di altre celebrazioni fasciste, il padre e la madre lo portavano con loro insieme alla sorella Francesca Romana, ricevevano gli elogi di tutti. Adriano (in quelle situazioni era bandita la versione francese) completava il ritratto della famiglia perfetta. Fascista, e perfetta.

A Michele di essere chiamato *barotto* non importava granché, ma sapeva che i suoi compagni di banda non lo sopportavano. Era il modo in cui, nella zona, ci si riferiva con un po' di disprezzo ai contadini, ma in fondo *barot* significava "bastone", e al ragazzo non dispiaceva perché così si sentiva. Un pezzo di legno, forte e resistente, adatto a colpire ma anche a difendersi. Uno che aveva le proprie idee e teneva duro, duro come il legno. Non come quell'anima nera di Adriano, che un giorno pensava picche e l'altro cuori, che era capace di dare solo ordini ma si cagava sotto quando si trattava di menare le mani.

Se lo ricordava bene nell'ultima battaglia. Sempre al coperto dei suoi stupidi nascondigli, mentre i suoi, Fulmine, Donato, Caterina, Angelo e sua sorella Francesca erano lì a prendersi le botte, e che botte, dei contadini come lui che quando c'era da picchiare picchiavano pesante. D'altronde loro non passavano le giornate a perdere tempo sotto il ginkgo o a giocare a nascondino alla stazione o ad ascoltare le teorie strampalate di Adriano, il filosofo della lippa. Michele, come Diego, Piero, Michela e Rita e tutti gli altri, finiva la scuola e andava a lavorare in campagna. E quando tiri su il fieno, porti il mangime alle vacche e fai nascere un vitello diventi più forte e coraggioso di quelli che giocano alla guerra.

Chiamatemi pure barotto, in fondo questo sono, pensava in quel pomeriggio assolato di giugno.

Mentre lo zio era andato al mercato di Cuneo, aveva approfittato della pausa dal lavoro per organizzare l'orzatata. Nel fienile, sdraiati a guardare il soffitto, c'erano i componenti della banda al completo, e c'era l'acqua e orzata. A Michele piaceva raccontare storie, che inventava o aveva letto nei pochi libri che trovava in giro, e alla sua banda piaceva ascoltarlo. Ogni volta che c'era l'orzatata, ma d'estate capitava di rado perché il lavoro era molto, si trovavano lì, nella cascina appena oltre il cartello MONTECALVO e si raccontavano storie. Le più belle erano le sue, di Michele. E le più belle storie di Michele gliel'aveva raccontate il nonno. Le sue preferite erano le storie delle *masche*, streghe o demoni che di notte prendevano l'aspetto di animali e diventavano protagoniste di avventure terrificanti perché tutte vere. Come quella di Dalmasìn, che ogni notte vedeva passare davanti casa un cavallo nero alto almeno sei metri. Dalle narici gli usciva fuoco e il suo nitrito era più forte del rumore dell'intera stalla. E una sera Dalmasìn si era stufato, aveva preso il fucile e gli aveva sparato alla zampa posteriore destra.

Il giorno dopo Bertola si era presentato in paese con la gamba destra interamente fasciata e nessuno era riuscito a capire cosa fosse successo. Ma, da quella notte, il cavallo nero dalle froge fumanti era sparito, dissolto, *kaputt*.

C'era una regola, durante le sedute all'orzatata, ovvero che nessuno potesse interrompere un racconto. L'aveva voluta Michele, che era il ragazzo più paziente dell'universo ma non ammetteva, proprio no, che sul più bello qualcuno commentasse la sua storia, o peggio provasse ad anticiparne il finale. E quel giorno, mentre faceva salire ad arte la tensione, e si arrivava al punto in cui lei finalmente baciava lui, si era sentito un "Barotti!" provenire dall'aia della cascina.

Si erano sporti a vedere chi fosse, Michele con le narici fumanti come il cavallo Bertola.

"Cosa vuoi, Donato?"

"L'hanno presa. La Fontana."

E così il ragazzo del Mulino gli aveva spiegato di Alessandra, dei piedi a mollo.

"A me di quella fontana non frega proprio niente," aveva detto Michele. "Io ci ho la *bialera* qui e mi faccio il bagno nel canale tutte le volte che voglio."

Era la verità, ma non tutta la verità. In effetti gli fregava tantissimo di Alessandra, che credeva provasse anche una certa simpatia per lui, ma non poteva dire di sì a un barotto e per di più al capo della banda nemica. Se ne era accorto negli ultimi mesi, quando il professore li aveva sistemati uno di fianco all'altra in classe. Erano andati d'accordo, erano diventati amici o quasi, ma quando suonava la campanella erano di nuovo nemici. Comunque, di fare guerra ad Alessandra a Michele proprio non andava.

Però due sberloni ad Adriano, quelli sì, li avrebbe dati volentieri.

Capitolo 4

Nessuno della Banda della Stazione avrebbe mai voluto far parte di una banda che non fosse quella della Stazione. Loro sì che sapevano divertirsi. E poi c'era Antonio che ogni giorno era in grado di stupirli con qualcosa di nuovo.

"Guardate qui, eh!"

Aveva preso una caraffa dalla trattoria della mamma, di quelle di vetro, a forma di vaso, che si usavano per il vino rosso. Ci aveva rovesciato dentro mezzo litro di aceto e teneva il bicarbonato a portata di mano.

"Ora, io allargo il palloncino all'imboccatura e tu tieni pronto il bicarbonato. Quando ti dico 'vai', butti il bicarbonato dentro la brocca e io ci metto il palloncino. Vedrete che bello!"

Teresa aveva preparato la carta di giornale con sopra il bicarbonato e l'aveva piegata per farne una specie di scivolo. Antonio aveva tirato fuori uno strano palloncino, dall'imboccatura molto più grande del solito.

"Dove lo hai preso?" si era stupita Teresa.

"Me l'ha dato un soldato, mi ha detto che è americano, roba speciale."

Avevano annuito. Antonio aveva srotolato il bordo del palloncino.

"Ora!"

Ma Teresa non si era mossa.

"Che fai?"

"Mi hai detto che dicevi 'vai', e invece hai detto 'ora'."

"Ma sì, vai, ora, è uguale! Sei più scema che sorda, *baluba*. Sei pronta?"

Teresa, che aveva la carnagione così scura da sembrare africana, ormai non faceva più caso agli insulti di Antonio, e aveva appena alzato il mento in un cenno d'assenso.

"Vai!"

Antonio l'aveva spostata con una leggera gomitata e aveva messo il palloncino sulla caraffa. Il liquido aveva cominciato a bollire e diventare spumoso, e lo strano palloncino a gonfiarsi. Ora era grande come una palla da calcio, ma cresceva ancora e le pareti si stiracchiavano come se dovessero esplodere da un momento all'altro.

Aveva smesso di dilatarsi quando era largo mezzo metro e si era fermato, sussultando leggermente. Sembrava una mongolfiera in miniatura.

"Ma cosa vi faccio vedere, eh?" aveva detto Antonio.

"Bellissimo," aveva commentato Teresa, con un sussurro sospiroso da attrice del cinema.

"Ma mi sa che quello lì non è proprio un palloncino," aveva commentato Giorgino.

"Te l'ho detto, è un palloncino speciale. Americano." "Americano" era più o meno come dire che veniva dallo spazio, perché l'America in fondo nessuno sapeva bene dove fosse.

"Mi sa che quello non è un palloncino," aveva azzardato timidamente Giorgino. "Cioè, è un palloncino ma non si gonfia, credo che si metta..." e si era interrotto guardando per terra.

"E parla!" lo aveva incalzato Antonio.

"Credo che si metta sul pisello!"

"Sul pisello?! Cioè intendi proprio lì?" disse Antonio, indicando un punto indefinito sotto la cintura.

"Sì, me lo ha detto mio fratello. Si mette sul pisello e serve a non fare figli."

Antonio lo aveva guardato stupito. "Ma va'!"

"Ma chi è che ha un pisello a forma di pallone da calcio?" aveva chiesto Giorgino.

"Infatti, strano..." aveva concluso Antonio.

Il ragazzo aveva recuperato la scatoletta metallica da cui l'aveva estratto. "C'è scritto GUMMI-SCHUTZ DUBLOSAN. Che non sembra tanto americano..."

"E che vuol dire?"

"Dublosan potrebbe essere il nome di un medicinale."

"Già."

"Vabbè, chissenefrega. Vi è piaciuto?"

Ovviamente l'esperimento era piaciuto a tutti. Ora la sfera si stava lentamente sgonfiando.

"Sfera, sfera delle mie brame, dimmi chi bacerà

Teresa!" riprese Antonio avvicinando le mani al pallone.

"Ma se quello è un coso che si mette sul pisello, io non voglio saperlo!" si indignò la ragazza.

"Aspetta, aspetta! Vedo comparire una faccia... una faccia un po' da culo. Spiriti del palloncino del pisello, ditemi a chi appartiene quella faccia da culo... oh, ma è Adrien!"

Tutti scoppiarono in una risata.

"Faccia da culo sarai tu. Anzi, tu sei un tuttoculo con le gambette da rana."

I ragazzi si voltarono verso la voce. Era Adrien. Si era fermato a qualche metro da loro e si stava stirando la riga dei capelli con il palmo della mano.

"Ti aspettiamo in piazza. Solo tu. Consiglio di Bande."

★ Capitolo 5

Sotto gli olmi del parco della piazza, i capi si sistemarono su due panchine, una di fronte all'altra: sulla prima Antonio e Adrien, su quella opposta Michele e Ale.

"Insomma, volete la guerra?" Fu Adrien il primo a parlare, rivolgendosi ad Alessandra con la consueta aggressività.

"No, noi..." cercò di difendersi la ragazza.

"Guerra sia!" la interruppe Adrien.

"Lasciala parlare," intervenne Antonio.

Michele giochicchiava con un filo d'erba. Guardava il legno della panchina, per non essere costretto a imbattersi negli occhi celesti di Alessandra.

"Noi eravamo qui, come sempre. Faceva caldo, ci siamo tolti le scarpe e abbiamo bagnato i piedi. Tutto qui."

"Tutto qui?" riprese Adrien. "Avete infranto le regole. Le regole sono sacre, la fontana è sacra. Mi sembra che fossimo tutti d'accordo."

"È una regola assurda," ribatté Ale. "Il Monumento è nella nostra zona, e anche la fontana. Quella regola non ha senso. Allora dovrebbe valere anche per voi. Una zona franca in ogni luogo. E invece non è così, perché quella regola l'avete stabilita voi *maschi*, quando c'era ancora Pino a capo della Piazza. Ora che lui non c'è più, a me quella regola non sta bene." Parlò tutto d'un fiato e ottenne l'effetto di imporre un improvviso silenzio. Forse i tre nemici stavano pensando a Pino e alla fine tremenda che aveva fatto, pochi mesi prima. O forse stavano solo ponderando le sue parole.

"Noi *maschi* sappiamo cos'è giusto e cos'è sbagliato." Per pronunciare quelle parole Adrien si era spinto in avanti e ora le stava a qualche centimetro di distanza. Alessandra indietreggiò e si appoggiò allo schienale della panchina.

"Vogliamo la guerra. Ci batteremo come ci siamo battuti l'altra volta. E chi vincerà si terrà la fontana e magari anche qualcos'altro. Chi vince deciderà le nuove regole," concluse Adrien.

"Giusto." Antonio, inaspettatamente, si schierò dalla parte dell'odiato capo del Mulino. "Giusto. Vinceremo noi della Stazione e sposteremo la stazione in piazza." Per il ragazzo il gusto della battuta prevaleva su qualunque cosa, anche su una serissima dichiarazione di guerra. Michele sorrise, in fondo il piccolo storpio era sempre un passo avanti e non poteva non stargli simpatico.

"Fate pure. Io mi chiamo fuori." Michele parlò lentamente, fissandoli uno per uno negli occhi. "A noi Barotti la fontana non interessa. Tanto lo dite sempre anche voi che ci laviamo poco, no? E che puzziamo di mucca anche dopo aver fatto il bagno? Ci teniamo le nostre bialere e i nostri ruscelli."

Gli sembrò di aver intravisto uno sguardo di compassione o di simpatia negli occhi color cielo di Alessandra.

"Cagasotto," cercò di provocarlo inutilmente Adrien.

Michele prese fiato. "Volete fare la guerra? Fatela. Mi sembra che ne abbiamo già troppa in giro. Mio cugino è al fronte e non sappiamo nemmeno dove. Antonio, tuo zio non è tornato dalla Russia, se tornasse domani ti direbbe che sei uno scemo a voler giocare alla guerra. Adrien, tu vuoi la guerra, perché ti piace dare ordini senza muovere un dito, se toccasse veramente a te, saresti nascosto sotto la gonna di tua madre. Ale, poi, che bisogno c'è? Vuoi che finisca come la volta scorsa? Chi si ricorda perché ci siamo scontrati per un mese e mezzo? Antonio, te lo ricordi? Adrien?"

Nessuno ne aveva memoria. E tutti tacquero.

"Volete armarvi e rifare le stesse stupidaggini? Volete un'altra mezzosorda come Teresa? O magari cavare un occhio a qualcuno? Volete passare il resto dell'estate a farvi gli agguati e fingere di essere dei valorosi soldati? Ah no, valorosi *ufficiali*, nel tuo caso, Adrien. Ma i soldati fanno la guerra, gli ufficiali la decidono soltanto. Per cui, se volete giocare alla guerra, fate pure."

Michele si fermò. Nessuno osò replicare. E allora giocò l'asso che aveva tenuto nella manica.

Fissò gli occhi scuri in quelli di Alessandra.

"A meno che Alessandra sia la prima a dire di no. A riconoscere di aver infranto una regola e magari a proporre di ridiscuterle, queste regole. A chiedere scusa e dirvi che si è sbagliata, che è stato solo un episodio e che non si ripeterà più."

Ci fu un altro lungo istante di silenzio. Michele prese coraggio, sapeva di essere a un passo dalla meta.

"Per cui, se ora banalmente ci dici che sì, è stato un errore, ce ne torniamo a casa. A giocare, a leggere, a raccontare storie, a fingere di essere dei grandi capi. Ai vostri potrete dire la verità, che la Piazza ha chiesto scusa e che ognuno di voi ha fatto un figurone. Che ci siamo accapigliati e che avete dimostrato di essere ottimi capi. Basta che Alessandra, ora, ci dica sì, che è d'accordo."

In quel momento i tre ragazzi guardarono lei, per più di un minuto si sentirono soltanto i grilli frinire.

Alessandra non distolse lo sguardo da Michele. E poi parlò.

"No."

"No, cosa?" chiese Antonio.

"No, non chiederò scusa."

"E allora è guerra," disse Adrien.

questo te lo sei inventato!

Michele la guardò a lungo, gli occhi gli si riempirono di delusione. Si alzò.

"Fate come volete. Noi ne stiamo fuori."

E pulendosi le mani sui pantaloni, secondo un'abitudine che doveva aver preso fin da bambino, girò le spalle e se ne andò.

Capitolo 6

I primi ad attaccare furono quelli del Mulino. Nella notte, Caterina e Donato incisero il simbolo della loro banda sul ginkgo preferito della Banda della Piazza: una grossa M uguale a quella delle tante scritte fasciste che negli anni erano comparse sulle case del paese. Al pomeriggio caricarono le cerbottane con proiettili di mastice che terminavano con uno spillo e riuscirono a colpire almeno un paio di ragazzi della Stazione, prima di scappare a gambe levate.

Antonio, intanto, stava escogitando un piano. Adorava i piani. E tutti erano perfetti, secondo lui, eppure non riuscivano mai. Ma questo è più perfetto, pensava prima di esporlo ai suoi amici.

"Semplice, come lo sono i grandi piani. Infallibile, come lo sono i miei," esordì.

Giorgino rumoreggiò, ma lo lasciarono andare avanti.

"Avete presente Filomeno, il gatto di Camilla? Lo rapiamo e lo leghiamo al surf di Mario."

"Ma è disumano!"

"No, aspettate."

"E poi chi lo prende il surf a Mario? Quello ci va pure a dormire..."

"Calma, lasciate che vi spieghi. Il surf di Mario sta sul balcone, perché la mamma non glielo lascia più tenere in camera. Lo so perché l'ho visto. Giorgino, tu che sei bravo ad arrampicarti, sali sulla grondaia, con un salto sei sul balcone, lo prendi e scendi. E questo è fatto. Filomeno è sempre in giro a caccia di cibo, perché a casa di Camilla si mangiano anche gli avanzi degli avanzi. Noi lo attiriamo con un po' di lische e pelle di pesce, lo infiliamo in un sacco e ce lo portiamo via."

"E poi vuoi legarlo al surf? Ma sei un mostro!"

"Eh no! Qui sta il genio geniale di quel genio che sono. Noi leghiamo al surf un pupazzo. Gli diciamo che gli consegneremo il gatto a una certa ora in piazza e invece gli mandiamo il gatto finto legato al surf. In cambio chiediamo tutte le loro fionde, così rimangono senz'armi."

"Ah, bello!" disse Teresa, che aveva sentito tutto.

"Non è finita. Nel frattempo saremo saliti sull'albero in fondo alla piazza. E, quando loro si avvicinano per liberare il gatto, li bombardiamo di frutta marcia."

"Ma non verranno mai tutti insieme. Alessandra manderà Camilla, o Agnese."

"Vedrai che invece verranno insieme..." sorrise il capo, con un ghigno enigmatico.

"Antonio, questo sì che è un gran piano."

Il piano andò quasi interamente secondo le attese. La grondaia si staccò mentre Giorgino saliva, ma in qualche modo il ragazzo riuscì a scendere a terra reggendo il surf di Mario. Camilla, il mattino dopo, si presentò in lacrime sotto il ginkgo con un biglietto in mano che recitava il diktat per il riscatto: tutte le fionde della banda per riavere indietro il gatto, con scambio da effettuarsi il giorno successivo alle dodici esatte in piazza.

Così, alle undici tutti i membri della Stazione, tranne Antonio e Giorgino, erano appollaiati sul grande tiglio in fondo alla piazza, silenziosi come chierichetti alla Via Crucis, con un cesto di frutta e ortaggi fra loro.

Alessandra aveva radunato i suoi da un lato del parco e dava le ultime istruzioni.

"Mario, andrai tu. Poserai le fionde a tre metri dalla fine della piazza. E aspetterai lì che ti consegnino il gatto sano e salvo. Se così non fosse, ti riprenderai tutto quanto e correrai qui. E li colpiremo con questi sassi. Sei il più veloce e quindi ci riuscirai."

Antonio e Giorgino si presentarono pochi minuti prima di mezzogiorno. Mario aveva già posato le fionde nel punto indicato da Alessandra. Posarono il surf per terra, con il finto gatto fatto di stracci appoggiato sopra. Gettarono una veloce occhiata verso l'albero dove Teresa fece il segno di ok con le dita. Tutto era pronto.

"Ora stai a vedere," sussurrò Antonio a Giorgino.

Gettò un fiammifero acceso sull'animale di pezza che prese immediatamente fuoco, alimentato dall'alcol con cui lo aveva imbevuto. Si sentì urlare dalla parte opposta della piazza.

Me lo ricordo! Che incubo...

Con un calcio Antonio spinse il surf verso il centro della piazza.

Ale e la sua banda corsero a più non posso e raggiunsero Mario nello stesso momento della scatola a rotelle.

Quando si accorsero che non si trattava del gatto era già troppo tardi. Partì il lancio di frutta, e quindi una ritirata di gran carriera verso i portici del paese.

Antonio gongolava. Solo allora liberò Filomeno, che come un lampo attraversò la piazza. Il piano era riuscito.

Poi raccontarono a Michele quei primi giorni di battaglia e il ragazzo fu ancora più contento di aver scelto di tenersi fuori. Si sentiva un gigante, l'unico dotato di cervello in un mondo di bambini capricciosi. Provava il piacere di chi ha ragione. Ma aveva il sospetto, chissà come, che anche questa volta sarebbe finita male, anche peggio della volta precedente.

La Banda della Piazza aveva incassato malissimo lo scherzo del gatto. Senza le fionde, le migliori tiratrici di Montecalvo si sentivano indifese e impotenti. Fu un po' per disperazione che lanciarono la campagna delle biciclette. Così, prima dell'alba del quarto giorno di battaglia, armate di coltello, si dispersero per il paese, correndo il rischio di essere beccate dagli adulti. Ma ce la fecero, e al mattino tutte le biciclette delle bande nemiche si ritrovarono con le gomme a terra.

I ragazzi del Mulino reagirono con quello che Adrien definì un atto simbolico. E il ginkgo della piazza fu innaffiato del piscio di tutti i maschi della banda. Nel caldo dell'estate il fetore era tale che i piazzaroli dovettero trovare un nuovo quartier generale in attesa della prima pioggia.

Antonio e i suoi prepararono delle bombe di vernice rossa con cui imbrattarono l'angolo del mulino dove Adrien teneva le sue riunioni. Quelli replicarono preparando un agguato lungo la strada della stazione. Appostati fra i cespugli ai lati opposti della via, aspettarono che passasse Giorgino in bicicletta per tendere una corda e mandarlo a gambe all'aria. Lo raggiunsero a terra e lo presero a calci e pugni, con una violenza fisica che rappresentò un salto di livello. Fino ad allora si trattava di giocare alla guerriglia, con lanci di fionda o cerbottana a distanza, mai di botte vere.

Ma nessuna banda voleva mollare e non si capiva come potesse andare a finire quella battaglia.

La verità era che a Adrien mancava l'odiato Michele. Niente lo irritava di più di quel contadino che voleva solo esser lasciato in pace, che li considerava dei bambini e si atteggiava a sapiente. E pensò che non c'era idea migliore di tirarlo dentro, trascinarlo via dal fienile e costringerlo a scendere nell'arena.

E ci riuscì.

Capitolo 7

Mentre Alessandra stava ultimando la sua nuova fionda, mentre Antonio pensava al prossimo piano perfetto, mentre Adrien fumava l'ennesima nazionale rubata al padre, Michele stava finendo di raccogliere le zucchine nel campo. Posò la sporta sotto il portico e si avvicinò al fienile, dove aveva intenzione di rifugiarsi a leggere, una volta terminati i lavori. Se si fosse dato da fare, lo attendeva un'ora di perfetta solitudine prima che, verso le cinque, arrivassero gli amici a raccontargli cosa stesse succedendo in paese e a fare una partita a carte. Ma nel fienile c'era qualcun altro.

Legato come un salame, imbavagliato e con la faccia gonfia, c'era Nicola.

Ancora prima di tagliare le corde, Michele gli chiese cosa gli avessero fatto. Quelli del Mulino lo avevano preso e portato da Adrien, legato come un prigioniero. Il capobanda lo aveva preso a schiaffi.

La rabbia invase l'animo di Michele come l'ossigeno riempie i polmoni dopo aver nuotato in apnea. E, nella notte, i Barotti entrarono in guerra.

Appena prima che comparisse il sole ad annunciare l'ennesima giornata di afa, Michele era salito sul trattore dello zio, sperando di non svegliarlo e di non incontrare nessuno. Ma gli adulti erano troppo distratti dalla guerra vera per accorgersi di loro. O almeno così credevano i ragazzi. In realtà qualcuno, a distanza e senza farsi notare, seguiva con interesse le loro scaramucce. Se ne sarebbero accorti di lì a pochi giorni.

Michele aveva attraversato le vie del paese nel silenzio irreale del mattino e, proprio prima dell'alba, aveva rovesciato il contenuto del rimorchio al mulino. Un quintale di freschissimo letame.

Adrien reagì alla sua maniera. Come un ufficiale, pavido ma capace. Dispose i suoi in punti strategici del paese: un albero in piazza; la terrazza del vecchio ospizio disabitato di fronte alla stazione; la torre all'ingresso del centro, sulla strada che arriva dalle campagne. Come cecchini colpirono chiunque si muovesse nei paraggi per poi sparire così velocemente da far pensare che fossero dei fantasmi. Un tiro di fionda particolarmente riuscito fece cadere Giorgino dalla bici. Si ruppe il braccio. Mario lo prese nell'occhio ed è un miracolo se oggi, per quanto miopi, gli funzionino ancora entrambi. Fulmine colpì Michele in testa. Ma non riuscì a volatilizzarsi. I Barotti lo trascinarono faticosamente ai piedi della torre. Aveva così paura che se la fece sotto. E quando Primo e Nicola erano ormai pronti a menare le mani, Michele disse loro di lasciarlo andare. Uno contro tre non vale, neanche in guerra. Alessandra adottava un'altra tattica. Mentre tutti giravano ormai a gruppetti, mandava in avanscoperta persone isolate, facile esca per quelli del Mulino assetati di violenza, o per i Barotti, che menavano le mani più forte degli altri. Quando i nemici si avvicinavano, Ale e le sue ragazze uscivano dai nascondigli come amazzoni infuriate e a colpi di sassi li cacciavano, quasi sempre con qualche livido in più.

Ci fu anche uno scontro in campo aperto, tutti contro tutti, fra quelli della Stazione e quelli del Mulino. Finì pari e patta a pugni e calci.

Insomma, dopo dieci giorni di battaglia, non c'erano né vincitori né vinti. Il bilancio era più o meno questo:

- molti lividi
- qualche ferita sanguinante
- un braccio rotto
- un fienile quasi andato a fuoco
- una base che puzzava di letame
- qualche muro imbrattato di vernice.

+ i capelli di Camilla andati a fuoco

Antonio aveva smesso di dormire, sempre in cerca di un piano più perfetto. Alessandra si sentiva in colpa per aver cominciato tutto. Michele era stufo, soprattutto di mentire a suo zio e a sua madre. Adrien ormai fumava un pacchetto di nazionali al giorno.

Fu Alessandra a chiedere una tregua. Si presentò alzando bandiera bianca prima alla stazione, poi raccolse i capi e li convocò, questa volta al mulino.

Fu Antonio ad avere l'idea.

"Nessuno vince? Benissimo, ci sfideremo allora noi quattro e la chiudiamo con una prova di coraggio. Chi vince detterà le condizioni."

Capitolo 8

Come l'intero paese fosse così distratto da non accorgersi di quanto stesse succedendo ai suoi ragazzi era un mistero. Forse la guerra, la guerra vera, la guerra nuova, contro i tedeschi, combattuta fra i monti lì intorno, era un motivo sufficiente di disattenzione.

Montecalvo era un paese di campagna, così noioso e pianeggiante che nessuno aveva mai capito perché ci fosse un "monte" nel suo nome. Aveva pagato il grosso del suo obolo alla guerra fornendo gli alpini per la campagna di Russia e ora fingeva di non vederla.

L'8 settembre 1943, con la dichiarazione dell'Armistizio, la prima guerra era finita, ma non era finito un bel niente. I soldati erano tornati in paese per poi sparire di nuovo, chi fra le valli del Cuneese a indossare un fazzoletto al collo e a combattere contro quelli che fino a qualche settimana prima erano stati i loro alleati, chi imboscato fra le cascine o nascosto in città. I fascisti giravano ancora per le strade, così pure i tedeschi, ma quello era “Montecalmo” e teneva fede alla sua identità di paese tranquillo. La guerra era altrove. Certo, si sentiva nel cibo che scarseggiava, ma le campagne davano da mangiare più o meno a tutti, e le galline non avevano smesso di deporre uova. In fondo era un paese contadino e i contadini quella guerra non l’avevano mai capita.

Avevano agitato le bandierine durante l’unica visita del Duce, per poi tornare alle proprie attività con quel distacco senza tempo. La guerra in Russia aveva dato il colpo di grazia alla scarsa volontà guerresca di Montecalmo. Era un paese di alpini, mandati a morire al freddo nelle steppe. Quelli che erano tornati o non parlavano affatto o raccontavano di un esercito impreparato, mal equipaggiato, improvvisato. Di una strategia che sapeva di incompetenza e sadismo. Di dita congelate, feriti abbandonati sulla neve, lunghe marce, così lunghe da sembrare un’invenzione. I nomi delle cittadine russe avevano un suono lugubre ed erano sempre accompagnate da una litania di morti. Qualcuno era impazzito e si era chiuso in un silenzio da cui era impossibile stanarlo.

La gran parte di loro non era neppure tornata. L’armata Cuneense, fiore all’occhiello del corpo degli alpini, era partita insieme alla divisione Tridentina e alla Julia con duecento convogli militari. Erano tornati in meno di quattromila. Gli altri quindicimila erano morti, in quel paese ghiacciato e lontano. Sterminati dalle armi nemiche, ma anche di fame e di freddo. Molti non avevano neppure ricevuto la misericordia di una sepoltura. Prigionieri, tanti: tutti, a sentire le motivazioni ufficiali dell'esercito. Pronti a tornare, al più presto, ma ogni giorno di attesa era un giorno in più di sofferenza. I prigionieri e i morti si sarebbero trasformati quasi tutti in "dispersi in Russia". Una scritta da incidere su una tomba vuota, e ce ne sarebbe stata quasi una per ogni famiglia del piccolo cimitero di Montecalmo. Come fosse una professione, un mestiere. Artigiano, notaio, contadino. Disperso in Russia.

Se qualcuno, in quei giorni di giugno del 1944, si era accorto del gioco di guerra dei suoi ragazzi non disse nulla, almeno fino a quel momento. Se c'era chi, invece, non ci aveva fatto caso, dovette fare i conti con la battaglia di bande che proiettava la sua ombra sullo scenario della guerra più grande. Perché la piccola guerra di Montecalvo finì, questo è sicuro, ma non finì come si aspettavano i ragazzi.

"Una prova di coraggio." Antonio parlò per primo. "Chi vince vince tutto. Chi perde se lo piglia in quel posto."

"Che prova di coraggio, storpio?" chiese Adrien.

"Non ti preoccupare, si chiama così ma puoi partecipare anche tu che sei più vigliacco del re."

"Sta' attento a come parli."

Antonio lo ignorò.

"Una prova che dimostrerà chi di noi quattro ha più coraggio. Come si faceva nell'antichità. Avete presente Davide e Golia? Achille ed Ettore? No, Adrien, risposta sbagliata, non sono i due fratelli macellai. Davide è quello che affronta il gigante Golia armato solo di una fionda. Achille è il campione degli Achei durante la Guerra di Troia. Se Davide batte Golia, i Giudei hanno vinto. Se vince Golia hanno vinto i Filistei. È un duello. Noi saremo in quattro e quindi sarà un *quadriello*."

"Io ci sto. Ho iniziato tutto io e tocca a me finirlo," disse Ale.

"E che prova di coraggio hai in mente? Baciare la tua prima ragazza?"

"Adrien, sei insopportabile come una zanzara che puzza di scoreggia."

Michele era rimasto in silenzio ad ascoltare. E a osservare, cercando di non farsi vedere, Alessandra, che aveva i capelli sporchi, qualche graffio in faccia e la maglietta lercia, gli sembrava ancora più bella, quel giorno.

"Avevo pensato," riprese Antonio, "a una prova di cultura, ma poi mi sono detto, non è giusto, Adrien è già tagliato fuori!"

"Sta' attento, storpio, vai avanti o ti riempio di botte."

"Sì, certo, al massimo mandi qualcun altro a farlo, visto che sei tanto *coraggioso*."

"Antonio, vai avanti," lo interruppe Michele.

"Avevo anche pensato a un concorso di bellezza..." E guardò Alessandra. "Ma poi mi sono detto: non vale perché Michele voterebbe per lei."

Michele inarcò il sopracciglio, Ale sorrise e senza rendersene conto si toccò una ciocca di capelli.

"Poi ho pensato a una prova di taglio e cucito ma il barotto, con quelle manine così delicate da prendere un toro per le corna, ci avrebbe surclassato." Rise.

Michele si guardò le mani callose e sbuffò.

"E poi ho avuto l'idea perfetta, l'idea delle idee, l'idea che a un concorso di idee arriva di sicuro prima, anzi, non la premiano nemmeno perché è un'idea troppo bella..."

"Taglia corto, storpio," disse Adrien.

"Il cimitero," annunciò con uno scintillio negli occhi.

"Il cimitero cosa?" chiese Ale.

"Passare una notte intera nel cimitero, fra le tombe, fra i fantaaaaasmi." E fece un gesto con le mani in direzione di Adrien che si ritrasse colto di sorpresa.

"Una notte al cimitero," ripeté Alessandra. "Roba da intrepidi."

"Sì, ma il cimitero fa paura se ci vai da solo, in quattro non vale," provò ad argomentare Michele.

"Hai ragione. Allora una notte a testa al cimitero. Chi arriva al mattino senza i capelli bianchi dal terrore vince." Antonio aveva gli occhi dilatati, si muoveva come un attore sul palco, e parlava come se fosse esaltato. "Ci muoveremo silenziosi come ragni neri nella notte nera e..."

"Non funziona," lo interruppe Adrien.

"Ti caghi già sotto?" lo incalzò Antonio.

"No, non funziona perché potrebbe non esserci un vincitore. Nel senso che se tutti e quattro resistiamo fino al mattino abbiamo vinto tutti e quattro."

"Mmm..." mugugnò Antonio. "Hai ragione. C'è

il rischio che non ci sia un vincitore. Sicuramente ci sarebbe uno sconfitto, cioè tu, ma il barotto secondo me i fantasmi li piglia a manate. E quindi saremmo sicuramente in due, a vincere."

Bevvero praticamente in sincrono dai bicchieri di orzata offerti da Michele.

"La chiesa!" Questa volta fu Ale a illuminarsi.

"La chiesa...?" domandò Adrien.

"La chiesa. C'è una vecchia chiesa diroccata in fondo al cimitero, con un campanile. Ce l'ho ben presente perché è di fronte alla nostra tomba di famiglia. Possiamo fare una gara a chi riesce ad attraversare tutto il cimitero e salire sul campanile. Il primo che fa rintoccare la campana vince."

"Così ci sarà solo un vincitore," chiosò Adrien.

"Ma il campanile è malmesso. Sarà pericolante e..." reagì Michele.

"Sennò che prova di coraggio è, caro barotto?" lo sfidò Adrien.

"E poi... No, non si può." Michele scosse la testa.

"Perché?" gli chiese il capo del Mulino.

"Perché non partiamo alla pari. Tu, Antonio, non puoi correre veloce e..."

Lo sguardo di Antonio si illuminò per un attimo di un luccichio quasi folle.

"Perché sono storpio? Non ti preoccupare. Io ci sto. Il primo che suona la campana, dicevamo. Ci muoveremo silenziosi come ragni neri nella notte nera, e come ragni saliremo sui muri e ci caleremo giù dai dirupi, e tesseremo la nostra tela, in cui tutti gli altri cadranno, uno dopo l'altro, fino a quando ne resterà soltanto uno!"

Erano rimasti in silenzio a guardarlo per tutto il tempo della sua sparata.

"Tu sei completamente matto," gli disse Adrien.

Michele era stupito. Perché Antonio approvava una gara in cui era già sicuro di perdere? Gli sembrava una follia.

"Se va bene allo storpio, direi che siamo tutti d'accordo," riprese Adrien.

"Per me va bene," disse Ale. "Michele?"

Michele guardò ancora una volta Antonio, gli occhi gli caddero fatalmente sulla gamba offesa, solo per un attimo, ma quanto bastò perché l'altro se ne accorgesse. Michele allora si sentì in colpa.

Si strinse nelle spalle. "Se siamo tutti d'accordo, va bene anche a me."

"E allora è fatta," concluse Antonio. "Domani. Ci vediamo a mezzanotte esatta davanti all'ingresso del cimitero. Chi è in ritardo, cavoli suoi. All'ultimo rintocco si parte. Adrien, portati un po' di limone, che ti stringe le budella e non ti caghi nelle mutande. Non vale portare armi, torce, fuochi, niente di niente. Alessandra, lascia a casa la fionda che tanto i fantasmi non li becchi. Michele, niente ascia. Adrien, biancheria di ricambio, mi raccomando. Solo noi quattro. Che vinca il migliore, che non è Piero Migliore che abita in piazza, ma che è migliore senza maiuscola. Sai cos'è una maiuscola, Adrien?"

"Smettila, storpio. Che ci hai messo nella sua orzata, barotto? Sembra posseduto."

E un po' aveva ragione. Antonio era posseduto da una delle sue grandi idee. Quella era la sua grande occasione per dimostrarsi il Migliore. Molto più di Piero che abita in piazza.

Trascorsero il resto del pomeriggio a mettere al corrente le rispettive bande della prova di coraggio. Michela, dopo che Michele ebbe concluso il racconto, scoppiò a piangere e gli schioccò un bacio sulle labbra, certa di non vederlo mai più. Michele aggrottò entrambi i sopraccigli.

Adrien raccontò tutto ai suoi e subito partì la caccia al modo più scorretto per intralciare gli altri. Fulmine propose di picchiare Michele il giorno prima. Caterina, un po' più ingenuamente, di legare insieme i lacci delle scarpe di Alessandra.

"No, niente trucchi. Questa volta si gioca pulito, e vincerò io. Sono più veloce di loro, di tutti loro e..."

"Soffri di vertigini," Francesca, la sorella di Adrien, lo interruppe. "Come pensi di arrampicarti su quel campanile pericolante?"

"Non soffro di vertigini, mi è successo solo una volta, su quella torre e poi..."

"Sì, l'unica volta in cui sei salito più in alto di mezzo metro da terra. Abbiamo perso, ragazzi." Girò le spalle al gruppo e se ne andò.

Il resto della banda guardò il capo con aria interrogativa.

"Non. Soffro. Di. Vertigini. Fine della discussione."

Alessandra fu assalita da mille domande. Gina la riteneva una missione impossibile. Camilla rabbrividì al solo pensiero. Nel cimitero. A mezzanotte. I fantasmi.

“I fantasmi non esistono. E se esistono vedrai che sono come le vipere, se fai rumore scappano,” disse Mario.

Maria suggerì che Alessandra indossasse un campanello legato alla vita, per scacciare i fantasmi. Lei acconsentì e, sebbene fosse poco convinta della sua efficacia, lo accettò come portafortuna.

“E stai attenta a Adrien. Cercherà di fare qualcosa di scorretto.”

“Non ci riuscirà, questa volta, vedrai.”

“Ma, Antonio, sei impazzito? Non vincerai mai!” lo assalì Giorgino.

“Non vi preoccupate. Ho già in mente un piano...”

Giorgino era furioso. “Mi sono rotto il braccio, ci hanno distrutto le bici, Teresa a momenti perde l’altro orecchio e tu ci hai venduti così?! Sei un folle!”

“So cosa sto facendo. Non te lo posso dire, ma vedrai che vincerò io. E gli altri verranno in fila a riempirci di doni come i Re Magi con Gesù. Hai presente Davide e Golia? Non sempre vince chi ti aspetti.”

Ma Giorgino questa volta non se la sarebbe bevuta. Adorava Antonio, si sarebbe gettato nel fuoco per lui, era il suo mito, lo faceva ridere, pensare, crescere. Questa volta, però, aveva sbagliato tutto. Tutto.

Gli venne da piangere, o da picchiarlo. Preferì

piangere, sfregandosi il naso, girò sui tacchi e se ne andò. Da dietro le spalle, fra le lacrime gli urlò: "Davide non era uno storpio!".

Antonio ci rimase male, era più triste che arrabbiato.

Se ne andò anche lui. Aveva da fare. Il Piano Finale aveva piccoli dettagli ancora da sistemare. Ma era così sicuro che avrebbe trionfato e che Giorgino lo avrebbe accolto da vincitore e che gli avrebbe gettato le braccia al collo dicendogli "avevi ragione tu" che se ne andò sorridendo.

Capitolo 9

Non andò come doveva andare. Non ci fu un vincitore. Furono tutti sconfitti. Ci pensarono e ripensarono nei giorni seguenti e tutti, anche Adrien, che li rifuggiva come un vampiro il sole, dovettero fare i conti con il fardello del senso di colpa. Bastava fermarsi venticinque attimi prima, bastava avere l'umiltà di dire che le prove di coraggio le fanno gli stupidi, o i pavidi. Bastava parlarsi, un attimo di più, bastava accettare la sconfitta prima di aver giocato, accettare la formidabile verità che un ragazzino non può fare tutto, che un essere umano non deve riuscirci, che la vita non procede per tentativi ed errori, perché gli errori sono incommensurabilmente più pesanti dei tentativi. La vita procede per scelte e progetti. Solo così si può mettere ordine al caso, solo così si mettono in fila eventi, fatti ed emozioni che altrimenti sfuggono e si intrufolano ovunque, come il vento freddo sotto gli infissi vecchi.

Il primo ad arrivare al cimitero fu Michele. La notte era fresca, e si era alzato il vento. Si nascose dietro l'angolo del muro di mattoni rossi che circondava il camposanto per essere sicuro di non incappare in una ronda dei tedeschi. In fondo, malgrado se ne fossero sempre fregati, in quel periodo c'era il coprifuoco e bisognava stare in casa. Intravide la sagoma alta e snella di Adrien. Alessandra lo seguiva a pochi passi di distanza. Aveva senz'altro scelto di non arrivare con Adrien, e Michele ne fu in qualche modo contento.

Quando mancavano dieci minuti a mezzanotte – il campanile della parrocchia era visibile, nonostante fosse una notte nera, di luna nuova – cominciarono a chiedersi se Antonio sarebbe arrivato.

"Lo storpio non viene, ha avuto paura," disse con il solito sprezzo Adrien.

Non replicarono. Le regole erano state chiare. Al dodicesimo rintocco della campana, la gara sarebbe partita. Chi c'era c'era, chi non c'era non c'era.

Antonio li aveva guardati da lontano. Erano arrivati tutti e tre. Pregustava il suo trionfo, l'apoteosi del Piano Finale. Controllò l'attrezzatura. La canna di bambù legata al quadricipite destro, i guanti da lavoro rubati nella rimessa del padre. Una luce da miniera, da infilarsi in testa. E il pacchetto con il telo bianco. S'incamminò, al buio, verso la meta.

I tre ragazzi non parlavano più. Il primo rintocco dei dodici risuonò fortissimo. Ebbero tutti un sussulto.

Antonio era ormai ai piedi della vecchia ciminiera della fornace. L'aveva studiata con attenzione, il giorno precedente. Solo lui ci vedeva chiaramente una lunga, altissima scala, almeno trentacinque metri, con i ganci a U fissati fra i mattoni rossi. Quei ganci si trovavano a poca distanza l'uno dall'altro, arrampicarsi non sarebbe stato un problema. Il piano era di una semplicità disarmante: sarebbe salito, veloce come sapeva fare lui, fino in cima. Da lassù, molto più in alto del campanile, avrebbe issato la bandiera della sua banda, infilandola nella canna di bambù e conficcandola fra due mattoni del campanile (durante la prova della sera prima aveva già individuato il punto esatto). Solo a cose fatte avrebbe richiamato l'attenzione degli altri. Con la torcia avrebbe illuminato il vessillo e loro avrebbero capito, immediatamente, che avevano perso. Era la *sua* notte.

Al dodicesimo rintocco i tre rivali partirono. Scavalcare il cancello non fu difficile. Alessandra puntò i piedi sui mattoni del pilastro e con quattro balzi fu dall'altra parte, accompagnata dal rintocco del campanello-amuleto che portava legato alla vita. Michele, invece, perse qualche secondo, appesantito dalla sua stazza. Non per molto: Adrien, non appena ebbe toccato terra, sentì le gambe bloccarsi per qualche secondo. Il cimitero di notte faceva davvero paura. Si ripeté che quelle fiamme bluastre si chiamavano "fuochi fatui" e non erano fantasmi, solo gas. Che quelle urla erano il vento, quando si infilava nelle crepe delle tombe. Che quelle ombre erano alberi, lapidi, nulla di più. Quando si riprese era ultimo, mentre Alessandra volava lungo il viale, scampanellando. La ragazza si concentrava sul proprio corpo, sul rumore delle scarpe sulla ghiaia, sul vento sottile che le raffreddava la pelle sudata. Sono solo io, si ripeteva. E macinava metri.

Michele preferì cambiare strada e svoltò sulla destra, anche se il percorso era leggermente più lungo. Così spiazzò gli avversari. Scavalcò con un salto pesante alcune tombe a terra, cercando scorciatoie tra i vialetti disegnati dalla ghiaia. Non si sentiva un ragno, come aveva detto Antonio, piuttosto un caparbio scarafaggio... Adrien aveva intanto raggiunto Alessandra e si preparava a superarla. Mancava qualche centinaio di metri alla chiesetta nell'angolo nordest del cimitero.

Antonio saliva velocemente sui ganci della ciminiera. I guanti gli permettevano una presa sicura, la gamba sinistra faceva il suo dovere, con un impegno straordinario rispetto alla destra, che tuttavia non dava segni di cedimento. Intravedeva le sagome degli altri capibanda correre sulla ghiaia, in basso. Ma da quel punto, ormai a una ventina di metri dal terreno, si disse che era meglio concentrarsi sul suo compito e lasciarli al loro destino.

Adrien fu il primo ad arrivare alla chiesa. E lì si fermò quando vide un'ombra muoversi sulla destra del suo campo visivo.

"È una volpe, Adrien." Alessandra approfittò della sua esitazione per infilarsi davanti a lui attraverso la porticina, ma Adrien, non appena si riebbe, la strattonò violentemente. Chi fosse riuscito a entrare per primo nella chiesetta avrebbe avuto un indubbio vantaggio nell'ascesa al campanile. Il vento ululava. Sembrava infilarsi in ogni interstizio della chiesa diroccata, come un intero coro di anime in pena. Fu allora che sopraggiunse Michele. Adrien era dentro e aveva sbarrato la porta dall'interno. Alessandra provava inutilmente ad aprirla. Michele scelse di aggirare l'edificio. Ricordava che sul retro si era aperta una breccia, nell'abside: forse sarebbe potuto passare da lì.

Il cervello di Antonio lavorava all'unisono con le sue gambe. Le braccia cominciavano a dolergli, e le dita a dargli fitte costanti. Ma era ormai oltre la metà della salita, non poteva mollare. Appoggio dopo appoggio, passo dopo passo. Una cosa alla volta. La meccanica del movimento era un balletto che scandiva mentalmente, braccio destro, gamba sinistra, braccio sinistro, trascino la destra, e poi di nuovo. Il ritmo gli dava forza e gli impediva di pensare ai vari indolenzimenti. E andava, andava, verso il trionfo.

Michele dovette rimuovere un paio di mattoni ricoperti di muschio e fu dentro, appena in tempo per vedere Adrien che si infilava nell'apertura che dava sulla scala di legno. Con in bocca il gusto ferroso della fatica e negli occhi la rabbia della sconfitta, Michele sentì suonare il campanello di Alessandra. Forse proveniva dall'apertura che intravedeva più in alto.

Se la via normale era preclusa, non le restava che tentare un diversivo. Così, forte del suo peso piuma e di una certa dimestichezza nell'arrampicarsi sugli alberi, Alessandra aveva scelto di salire alla cella campanaria dall'esterno. In fondo, i vecchi mattoni offrivano un sacco di appigli. L'unico problema era la loro stabilità. Doveva saggiarne la tenuta con il piede prima di abbandonarcisi con l'intero peso del corpo. Un paio erano venuti via con facilità agghiacciante. Ma la ragazza, uno scampanellio alla volta, sembrava aver trovato la via giusta.

Salire la scala, anche se molti gradini erano penzolanti, non era stata un'impresa per Adrien, eppure all'altezza della cupola si bloccò. Sudava freddo, sentiva le mani sciogliersi e il sangue nelle gambe defluire improvvisamente ai piedi. Davvero soffriva di vertigini.

Michele lo raggiunse, mentre Adrien tentava di accovacciarsi sui talloni.

"Scansati."

"Non posso muovermi."

L'onda sonora dello scampanellio di Alessandra si infilò in una feritoia: era alla stessa altezza dei ragazzi, all'esterno.

Michele provò a superare Adrien, che chiuse gli occhi. Quando, con una contorsione che rischiò di mandarli per terra, il contadino riuscì a infilarsi di fianco all'altro, capì che tutto era perduto, perché la campana legata alla vita di Ale suonava ben più in alto.

Accadde in meno di dieci secondi. La corda che legava la canna di bambù alla coscia di Antonio si allentò, si infilò in un gancio, trattenne la gamba scema del ragazzo, e lui mancò la presa successiva. Rimase sospeso nel vuoto, con la schiena lontana dalla torre e a trattenerlo solo la bandiera impigliata nell'appoggio.

Sentirono tutti e tre, vicinissimo e amplificato dal silenzio tutt'intorno, un tonfo. Come un sacco pieno di fagioli gettato sul rimorchio, pensò Michele.

Ma la vittoria era lì a un passo e Alessandra compì l'ultimo sforzo e con un balzo da gatta fu nella cella. Con una pietra colpì la campana e fu quasi stordita dal rumore.

Aveva vinto.

Michele arrivò un attimo dopo.

"Lo hai sentito anche tu?"

Adrien, nel frattempo, era sbucato nella cella, respirava affannosamente, un po' chinato in avanti, con le mani poggiate sulle ginocchia.

"Hai vinto," riconobbe, rivolto ad Alessandra.

La ragazza sorrise mentre Michele andava verso l'uscita. In quel momento sollevò gli occhi verso la fornace e vide qualcosa di bianco sventolare appeso a un gradino, più o meno a metà strada fra il suolo e la cima. Mosso da un presentimento, affrettò il passo.

Adrien e Alessandra lo trovarono ai piedi della fornace, piegato su un mucchio di vestiti, o qualcosa di simile. Quando furono vicini si resero conto che quel fagotto immobile era Antonio.

SECONDA PARTE

Capitolo 10

Erano rinchiusi da ore, tutti e tre, in una stanza della stazione dei carabinieri di Montecalvo. Il tempo per pensare a ciò che era capitato non gli mancava, ma nessuno aveva voglia di parlare. Era successo molto in fretta: Michele era andato a chiamare aiuto e poi la corsa disperata verso l'ospedale, con a bordo quel fagotto che un tempo avevano chiamato Antonio, o storpio.

Ora rimanevano lì, le braccia scorticate dall'ascesa (Alessandra), il gelo addosso per aver sudato sette camicie (Adrien), lo sguardo perso nell'angolo della stanza, dove a scatti si muoveva uno scarafaggio (Michele).

Non erano in arresto, ma la situazione era pari pari a quella di un carcere. Non avevano incontrato ancora i genitori, e in particolare Michele temeva l'arrivo della madre più di ogni cosa. Non perché si aspettasse di essere rimproverato, ma perché non avrebbe sopportato il suo sguardo triste e muto: Perché mi fai anche questa?, gli avrebbe gridato in silenzio.

Inoltre, tutti e tre erano atterriti al pensiero di ricevere la conferma di ciò che già sapevano, ovvero che Antonio era morto ed era morto per colpa loro. La gara di coraggio, tecnicamente, l'aveva vinta Alessandra, ma nessuno voleva parlarne. Sembrava successo un mese prima e invece erano passate poche ore.

Di tanto in tanto compariva il brigadiere, a portare dell'acqua, o una fetta di pane. A un certo punto anche una tazza di caffè calda, o meglio del surrogato con la cicoria che a quanto pare era l'unico caffè disponibile in paese.

Il padre di Adrien ebbe il permesso di parlare con il figlio da solo, in una stanza adiacente. Le sue amicizie con i fascisti stabilivano una gerarchia anche in quel destino comune. Quando fu costretto ad andarsene, i ragazzi sentirono un alterco con il maresciallo, a colpi di "lei non sa chi sono io" e "lo so benissimo, lui resta qui" e ancora "ve ne farò pentire" e "resta qui".

La madre di Michele lo guardò fisso negli occhi, occhi disperati quelli di Michele, infinitamente stanchi quelli di Gina. La madre di Alessandra gli diede una sberla e poi scoppiò a piangere.

Alle dieci del mattino erano di nuovo soli.

"Era davvero morto, nel senso, hai visto che non respirava, Michele?" chiese Alessandra.

Il lento annuire del viso di Michele valeva come la più funesta delle conferme.

"Respirava ancora," tentò Adrien. E il viso di Michele si mosse da destra a sinistra, come a dire no.

Sentirono parlottare fitto, in dialetto: alle voci dei carabinieri se n'era aggiunta una che non conoscevano. Immaginarono che si stesse decidendo il loro futuro.

Poi, quando l'eco delle campane della chiesa ebbe da poco battuto le due del pomeriggio, udirono le voci note dei loro genitori. Confabularono con il maresciallo, non senza picchi d'ira, soprattutto del padre di Adrien. Mezz'ora dopo i grandi se ne andarono e alle quattro il maresciallo comparve nella loro stanza. Aveva novità per loro.

Nuto aveva atteso in una stanza del seminterrato della caserma che il maresciallo lo raggiungesse, fumando una sigaretta dopo l'altra.

"Renzo, abbiamo bisogno di loro," aveva detto al carabiniere. Era un amico, uno che aveva scelto da che parte stare con il cuore, ma non ancora con il resto del corpo. E in quell'occasione il suo dubbio stava tornando utile. La sua non era una richiesta, assomigliava molto di più a un ordine.

"Sono dei bambini."

"Sono dei bambini coraggiosi."

"E sono pure sotto shock."

"Passerà."

Renzo percorreva la stanza a lunghi passi, facendo risuonare gli stivali sul pavimento di legno.

"Che ne farai?" chiese.

"Li porto con me."

"E cosa raccontiamo ai genitori?"

"Riabilitazione. Che non li puoi arrestare perché

sono dei bambini, ma che gli farà bene un po' di lavoro, per il resto dell'estate."

"Ma c'è la guerra."

"Per questo mi servono."

"Non li lasceranno mai venire."

"Questo dipende da te. Sai essere convincente. L'unico osso duro è quel fascista di Martini, a cui devi dire che staranno in caserma, ma in montagna. A Pradleves. Conosce i carabinieri di là, e crede ancora che stiano dalla parte giusta, almeno per lui."

Renzo rimase in silenzio.

"È rischioso?"

"Non più che scalare un campanile pericolante," mentì Nuto.

"Amen."

"Quindi?" Nuto lo guardò fisso negli occhi.

"Amen, così sia. Farò quello che riesco."

"Venite." Il brigadiere aveva aperto la stanza in cui i ragazzi erano rinchiusi da ore.

"Dov'è mia mamma?" chiese Alessandra.

"Ti saluta e ti dice di fare la brava."

"Che vuol dire? Mio padre non c'è?" Fu la volta di Adrien.

"Tuo padre si è convinto che meriti una bella lezione, e che questa lezione te la daranno i carabinieri, con il tuo permesso," replicò il maresciallo che era appena entrato.

"Partirete fra poco, andate a Pradleves, dove troveranno qualcosa da farvi fare."

"Lavori forzati!" protestò Adrien.

"Diciamo una lieve condanna per quello in cui vi siete cacciati. Ve la siete cavata con poco. Potevo tenervi qui dentro per tutta l'estate." Era una bugia, ma ebbe l'effetto voluto. L'idea di rimanere lì dentro ancora per qualche giorno sembrò loro insostenibile.

Michele ebbe il coraggio di fare la domanda che tutti avevano sulla punta della lingua.

"Antonio?"

Renzo abbassò lo sguardo. E poi li fissò, uno alla volta, negli occhi.

"È vivo. Ma grave. È in ospedale, a Fossano."

Era vivo. Questa era la notizia. Michele non fu mai così felice di essersi sbagliato.

Un'ora dopo erano su una camionetta. Al volante c'era il maresciallo. Usciti dal paese, in aperta campagna, si fermarono per far salire un uomo che non conoscevano. Era alto, più del carabiniere, a giudicare da quanto la sua testa superava il sedile. Aveva spalle larghe, indossava una camicia di tela spessa, verde militare, che era arrotolata sulle braccia, rivelando muscoli forti. Parlava poco. Sulla spalla della camicia teneva un canarino, addestrato. L'uccellino di tanto in tanto cinguettava e si spostava da una spalla all'altra. Talvolta l'uomo lo accarezzava con il dito e gli offriva un seme tenendolo fra le dita.

Risalirono la Valle Grana, paese per paese. Caraglio, Valgrana, Monterosso. Superarono anche Pradleves e il maresciallo li fece scendere qualche centinaio di metri fuori dal paese. Rimase al posto di guida mentre l'uomo, con il suo zaino militare sulle spalle, richiudeva la portiera e lanciava tre sacche ai ragazzi.

"Dobbiamo camminare un po'." Per la prima volta ne sentirono meglio la voce.

"Io sono Nuto."

Si incamminò senza aspettarli. Dovettero quasi correre per tenere il suo passo.

Alessandra si sporse verso di lui, ma prima che potesse parlare l'uomo la fermò.

"Non chiedere nulla, vi spiegherò tutto dopo. Tieni il fiato per la camminata, che è lunga."

Tenere il passo di Nuto non era uno scherzo. Alessandra, ogni dieci metri, doveva farne un paio di corsa. Adrien stava sempre un passo indietro, un po' perché preferiva rimanere solo, un po' perché sembrava non riuscire a togliersi di dosso il freddo patito la notte prima. Non era abituato a non avere Fulmine o Donato a disposizione per farsi portare le cose o per dare loro ordini. Dare ordini lo aveva sempre fatto sentire bene. Ora doveva stare al ritmo e alle imposizioni di quel Nuto. Aveva il piglio del militare, riconosceva l'impostazione del padre, quella misura nelle parole di chi sa che uno sguardo o il semplice tono della voce sono più che sufficienti per far passare un concetto e alludere alle conseguenze di una disobbedienza. Era lo stesso tono che Adrien cercava di usare con i ragazzi del Mulino. Ma in quel momento dovette riconoscere che aveva ancora tanto da imparare.

Michele era l'unico a sopportare il passo forzato

dell'uomo. Insieme al canarino, che non smetteva di cantare, felice, forse, o anche lui nervoso.

"Dove andiamo?" disse a voce alta Adrien.

"In un posto," fu la laconica risposta.

Videro la testa di un uomo, a un centinaio di metri di distanza, fare capolino da un cespuglio. Al capo seguì il resto del corpo, e un lampo di sole sembrò far luccicare qualcosa nella sua mano, forse una pistola. Lo sconosciuto spostò lo sguardo su Nuto, che con un cenno della mano provocò la scomparsa del luccichio. L'uomo aveva messo via l'arma.

Uscì allo scoperto e li attese sul sentiero. Doveva avere qualche anno in meno di Nuto ed era anche meno imponente.

"Fedelissimo Nini!" lo salutò, felice, Nuto, posando a terra lo zaino. Parlarono fitto in dialetto. Dovevano essere molto legati e sembravano capirsi al volo. Quando Nuto si rimise in marcia, l'altro prese il suo zaino.

"Tu niente? Solo noi a faticare coi bagagli?" Adrien gli si rivolse con la consueta voce strafottente.

Nuto si fermò. Lo attese.

"Vedi. Io sono un comandante. E i comandanti devono essere quelli meno stanchi. Perché dalle decisioni dei comandanti dipende la vita degli altri. Mi hanno detto che anche tu fai così, no? Ai tuoi amici lasci la fatica e tu cerchi di non stancarti."

Alessandra sorrise. Nuto cominciava a piacerle.

"Fai bene," riprese Nuto, "se sei un capo. Ai tuoi

ragazzi tocca la fatica fisica e a te la fatica mentale di fare le scelte giuste."

Ci fu una pausa.

"Questo vale se sei davvero un capo. Se invece non hai la stoffa, sei solo un profittatore, o un *lajan*, uno scansafatiche.. Ma lo capiremo presto."

Adrien rifletté per un attimo. A Michele sembrava strano che non replicasse, forse era troppo stanco o troppo confuso.

"Dove andiamo?" si limitò a chiedere ancora.

"In un posto," e Nuto mise fine alla conversazione.

Dopo tre ore di cammino in salita e una pausa in cui fu concesso loro di bere da una borraccia portata dall'aiutante di Nuto (perché di questo doveva trattarsi), intravidero una borgata, fatta di case con muri a secco, ricoperte da tetti grigi di ardesia. Intuirono dei movimenti furtivi, fra le case.

"Siamo arrivati." Il canarino lasciò la spalla dell'uomo e andò a posarsi per un attimo sulla testa di Alessandra. Lei cercò di toccarlo, ma era già volato via.

Si fermarono davanti a una grossa vasca, in cui l'acqua usciva da un tubo di ferro. Michele riconobbe la stessa forma della fonte di casa, dove sua madre lavava la biancheria, ed ebbe una fitta di tristezza.

"Potete bere. Dopo mangeremo qualcosa."

Qualcosa era un pezzo di pane. Nuto tagliò delle strisce di formaggio con un piccolo coltello da tasca e gliele porse. Alessandra e Michele ringraziarono. Adrien rifiutò con un cenno.

"Non mi piace il formaggio." Nuto non replicò e

restò lì fermo, con la striscia di formaggio pizzicata fra la lama del coltello e un dito. Adrien guardò il formaggio e poi gli occhi dell'uomo. Nuto non distolse lo sguardo da quello del ragazzo.

Per più di un minuto rimasero immobili, congelati come due statue.

Poi Adrien sospirò, allungò la mano e mangiò il formaggio a piccoli morsi, accompagnandolo con generosi bocconi della fetta di pane che teneva nell'altra mano.

Capitolo 11

"Dormono?"

Nuto annuì. Si allungò verso l'angolo della casa. Da sotto la coperta militare di lana ruvida tirò fuori un grosso barattolo di vetro. Dalla tasca dei pantaloni estrasse il coltello e fece saltare il coperchio. Con la lama pescò nel vetro: una fetta gelatinosa di marmellata che portò alla bocca con evidente piacere.

"Che ne dici di spiegarmi cos'hai in mente?" chiese Nini.

Assaporò ogni grammo di marmellata. Era la sua preferita, mele cotogne. Sapeva di commettere un reato morale, perché la marmellata era un bene di lusso, e quel barattolo apparteneva alla riserva della compagnia. Ma la confettura di cotogne era irresistibile, e lui ne aveva bisogno.

"Da giorni avevo in mente una missione speciale. E per ogni missione c'è bisogno delle persone giuste. La sai la storia degli alpini in Russia, vero?"

Nini la conosceva quasi a memoria. Così come conosceva bene Nuto. Ne era diventato "portaordini", una specie di postino e aiutante, da quando aveva scelto la montagna, lui giovane studente, insieme al "capo" partigiano Nuto. E sapeva che della campagna di Russia e della tragica ritirata Nuto non riusciva a non parlare. Per il partigiano, che era stato ufficiale della divisione Tridentina, era una memoria vicina ed era ancora vivo il senso di colpa per non avere fatto di più per i suoi alpini. C'era solo una cosa che superava l'intensità di questo sentimento, la rabbia per chi li aveva mandati a morire.

Nini si mise in ascolto, in silenzio.

"Quelli del battaglione Cervino erano i migliori. I più addestrati, i più coraggiosi, i migliori tiratori. Sulle montagne non avevano rivali. Ma in Russia non c'erano montagne. Si comportarono male? No, fecero il meglio. Ma il meglio in Russia non fu abbastanza. Erano le persone giuste nel posto sbagliato. Erano i migliori nel posto peggiore. Noi abbiamo bisogno delle persone giuste. Non importa che siano le migliori, solo quelle più giuste."

"E tre bambini sono quelle giuste?"

"Lo spero. So che sono i più coraggiosi. Si sono dati battaglia per una settimana, a Montecalvo. E per far finire la loro piccola guerra si sono sfidati in una prova di coraggio. Superiore alle loro forze, visto che il quarto ci ha quasi lasciato le penne. Ma loro sono i migliori. Sotto il metro e sessanta di altezza."

"Lo sai che continuo a non capire?" domandò ancora Nini.

"Capirai presto. Ti chiedo solo di darmi fiducia e magari una mano. Io non so come ci si comporta con quelli della loro età. Tu hai un fratello piccolo, no?"

"Sì. Chissà cosa starà facendo, ora."

"Pensa di avere a che fare con lui."

Nuto pensò anche ad Annetta, la fidanzata che era riuscito a rivedere quando credeva che fosse tutto perduto e che le scriveva lettere piene d'amore, a cui lui rispondeva con lo stesso sentimento. O almeno così gli pareva mentre scriveva. Poi rileggeva e gli sembrava un errore, tutto troppo provvisorio per poterla convincere che sì, sarebbe tornato e sarebbero vissuti insieme per sempre. Magari avrebbero avuto anche loro dei bambini, che a un certo punto avrebbero avuto undici anni, come i tre che dormivano, inconsapevoli, nell'altra stanza.

"Oggi è venuto Livio. Ti saluta. Dice che deve parlarti," disse poi il portaordini, prima di uscire dalla camera.

"Sarò presto da lui. Ma intanto domattina svegliali alle sei che si comincia."

"Impossibile dormire. Questa lana punge." Alessandra continuava a girarsi e rigirarsi fra le ruvide coperte militari.

"Non è la lana." Michele fece poco più di un sussurro. Nel buio cercava di guardare nella direzione della ragazza, immaginando di incrociarne gli occhi.

"Sono i pidocchi."

"Pidocchi!"

"Sì. E sono tanti."

La ragazza scacciò via con i piedi la coperta, inorridita. Le sembrò di vederli saltare a decine. Forse non era vero, era troppo buio per notarli, ma pizzicavano eccome.

"Che ci facciamo qui in mezzo ai pidocchi?"

"Siamo ostaggi dei partigiani." Anche Adrien non riusciva a prendere sonno. "Ci useranno. Ci scambieranno con qualche loro prigioniero. O ci faranno fare da scudo in una delle loro ridicole operazioni di *'guerriglia'*."

Michele e Alessandra non seppero replicare. Il tono fermo, la voce pacata di Adrien erano più che convincenti. Probabilmente sarebbe andata proprio così. Però Michele non riusciva a crederci. Quel Nuto, be', gli pareva degno di fiducia, gli ricordava qualcuno. Suo padre. Suo padre con quella calma contadina, che sembrava non preoccuparsi mai di nulla. Che aveva vissuto la malattia e la morte ricordando loro quanto fosse bella la vita, senza lamentarsi nemmeno un giorno.

Alessandra cominciò a piangere. D'istinto si avvicinò a Michele e gli toccò il braccio. Lui allungò la mano e prese la sua. L'affilata mano della ragazza nella mano callosa da uomo di lui. Michele dimenticò i pidocchi, il freddo, la tragica previsione di Adrien, la preoccupazione per Antonio, l'assurda situazione in cui si erano cacciati.

E pure lei, perché la sentì respirare sempre più profondamente e poi addormentarsi. Tenne la mano nella sua ancora per qualche secondo, poi la lasciò scivolare via, con la maggiore delicatezza possibile.

Le mani di un contadino
non fanno mai male
(non dicevi sempre così?)

Nini li svegliò battendo forte il calcio del fucile contro lo stipite della porta.

Mentre Adrien e Michele si stropicciavano gli occhi, Alessandra saltò in piedi e si precipitò verso l'uomo, fermandosi a due centimetri dal suo petto.

"I pidocchi! Ci avete fatto dormire in una tana di pidocchi!" gli inveì contro.

"A parte che non credo che i pidocchi facciano le tane, signorina. Se è per questo non erano nemmeno soli. I topi non li avete sentiti? E anche qualche vipera, di tanto in tanto. Ma quelle sono delle fifone."

Ale rimase senza parole, il labbro che tremava.

"Venite, Nuto vi aspetta."

Il comandante stava sorseggiando un caffè, che dal profumo non sembrava proprio quello delle pasticcerie di Cuneo cui era abituato prima della guerra.

"Buongiorno, reclute. Dormito bene?" chiese.

"Ci sono i pidocchi!" ribadì Alessandra.

"Ah! Li hai conosciuti anche tu i nostri animali domestici preferiti! Li alleviamo e ci prendiamo cura di loro, e loro, riconoscenti, dormono con noi. Carini, vero?"

Alessandra non sopportava di essere presa in giro, ma era così arrabbiata da non trovare una sola parola per replicare.

"Ma che ora è?" I capelli solitamente pettinatissimi di Adrien erano arruffati e gli cadevano sugli occhi.

"Sono le sei e un quarto, quindi siamo un quarto d'ora in ritardo."

"In ritardo per cosa?" chiese Michele.

"Per l'addestramento!"

I tre si guardarono l'un l'altro.

"Vi spiegherò tutto, con calma. Prima bevete un po' di latte."

Fecero colazione inzuppando una fetta di pane raffermo in una ciotola di latte tiepido e cremoso.

Michele si guardò intorno. Si intuivano, oltre gli alberi, le linee delle montagne, molto vicine. Dovevano essere saliti di un bel po' rispetto a Pradleves. L'erba era ancora completamente bagnata di rugiada: sarebbe stata una magnifica giornata di sole, ma a quell'altezza e a quell'ora sentiva il freddo pungergli le ossa.

"Ora seguite Nini. Andate a fare pipì e lavatevi la faccia alla fontana nel cortile. Ci vediamo fra dieci minuti al sentiero."

Nini li condusse fuori dalla casa. "Questo è il bagno dei maschi e quello è il bagno delle femmine." Indicò i due angoli esterni della casa. I ragazzi capirono che li stava prendendo in giro e che di bagno non c'era traccia, soltanto l'erba ancora umida e qualche albero a mascherare lo sguardo degli altri. La borgata era costituita da un gruppo di case, di cui la maggior parte sembrava disabitata. Immersa nel verde e molto lontana dalla strada principale, era un rifugio perfetto per i partigiani.

Adrien bofonchiò qualche parolaccia sottovoce e seguì Michele dietro la casa. Alessandra, dopo l'attimo di smarrimento, si diresse verso il "bagno" a lei assegnato con una scrollata di spalle.

Qualche minuto dopo si ritrovarono di fronte a Nuto. Era seduto su un masso all'inizio del sentiero. Teneva il braccio destro appoggiato al ginocchio. Sulla spalla il canarino addestrato. In mano, come al solito, la sigaretta accesa.

Li guardò negli occhi uno a uno, senza parlare, per un tempo infinito. Poi fece un ultimo tiro e parlò: "Bene, cominciamo. Abbiamo tre giorni per trasformarvi in soldati".

Capitolo 12

"Prendete uno zaino a testa. Badate bene, non sono tutti uguali."

Michele fu il primo a tentare di sollevare lo zaino militare più vicino a lui. Non sembrava così pesante. Passò al secondo che invece era ben più impegnativo. Il terzo era il più leggero. Sarebbe toccato ad Ale. Non lo aveva ancora posato quando Adrien, che aveva osservato con attenzione i suoi movimenti, gli strappò la bretella dalle mani e lo indossò rapido sulle spalle.

"È il più leggero, va ad Ale."

"Uno vale l'altro, no?" lo irrise Adrien.

Michele gli si accostò, minaccioso.

"Lascia perdere, Michele," intervenne la ragazza, "ho più muscoli io di quel figlio di papà," disse mostrando il bicipite all'amico.

Michele scosse la testa e si caricò il peso immenso dello zaino di mezzo. Ma che ci avevano messo dentro, una stufa di ghisa?

Nuto e Nini si incamminarono lungo un sentiero che risaliva la montagna, in forte pendio. La fatica era incredibile: i ragazzi sudavano e non parlavano più. Camminarono per oltre un'ora, che sembrò una settimana, e poi si fermarono.

"Ora potete togliere le pietre dagli zaini," disse Nuto accendendosi la sigaretta.

Nini non poté fare a meno di sorridere.

Il canarino punteggiò la frase con un *cip* che suonò come una presa in giro e forse fu questo a scatenare l'ira di Alessandra.

"Prima i pidocchi, poi gli zaini pieni di pietre. Ma per chi ci avete preso? Per dei... dei..." Non le veniva la parola giusta.

"Soldati," disse Nuto con immensa calma.

Aprì la sacca che gli porse Nini. Ne estrasse una pistola e un fucile, davanti agli occhi sorpresi dei ragazzi. Il secondo sembrava montato su una ruota metallica.

"Questa è una..."

"Beretta 34. Calibro 9, caricatore da sette colpi." Era stato Adrien a terminare la frase.

Nuto lo guardò con un misto di approvazione e sorpresa.

"Bravo, Adrien. Vedo che tuo padre qualcosa ti ha insegnato."

"Non è stato mio padre. È mio zio l'appassionato d'armi."

Nuto annuì.

"Questo invece?" gli chiese l'uomo sollevando il fucile.

"Non lo so, non l'ho mai visto."

"Questo è un souvenir della guerra in Russia. Forse l'unico buon ricordo che mi sono portato a casa. Si chiama Parabellum. È un mitra. Invece quello che vedete a forma di scatola da lucido di scarpe è il caricatore. Anzi, sono due. Uno da quaranta colpi singoli e l'altro da settantuno a raffica. Con questo i sovietici ci mandavano al creatore. Mentre noi avevamo l'eroico fucile 91. Sei colpi. Sei. E dopo ogni colpo dovevi cacciare la cartuccia. Mentre questo giovane fucile ci sparava raffiche da decine di colpi. Poi ci si chiede perché abbiamo perso..."

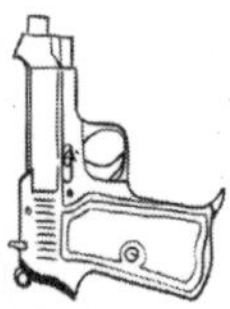

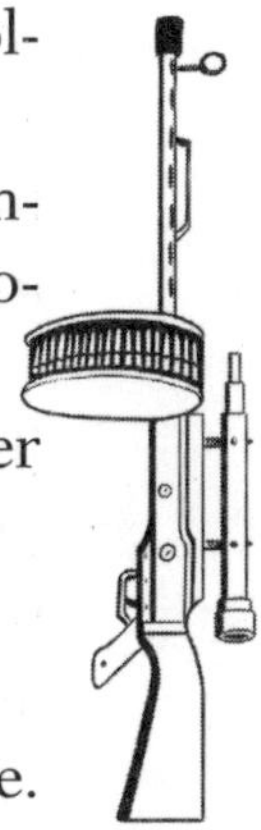

Fece una pausa. Una di quelle che avrebbero imparato a conoscere bene: lunghe e cariche di tensione. Fu Alessandra a rompere il silenzio.

"Ci spari in testa?" chiese, nemmeno troppo per scherzo.

Nuto si mise a ridere.

"No, ragazza. Voglio che impariate a sparare."

"Dobbiamo uccidere qualcuno?" chiese Michele.

"No. Ma è bene che sappiate farlo. O almeno che siate in grado di far scappare via un tedesco a gambe levate pregando il suo *Gott*, il suo Dio. Sempre che i nazisti ne abbiano uno. Avete mai sparato?"

"Io sì," disse Adrien. "Una volta. Con quella pistola lì, di mio zio."

"Bene. Allora cominci tu."

Nini posò una bottiglia di vetro a una decina di passi da loro mentre Nuto continuava a spiegare.

"Questa pistola è pensata per la difesa ravvicinata. Qualcuno si avvicina, tirate fuori la pistola che è così piccola che nessuno può pensare che ce l'abbiate in saccoccia e *bang*. Fatto."

Parlava con un certo compiacimento e un entusiasmo negli occhi che non gli avevano ancora visto.

"Prego, Adrien," disse porgendogli l'arma tenendola per la canna.

Il ragazzo la impugnò e la soppesò. Alessandra aveva sgranato gli occhi, incapace di calarsi in quella nuova situazione senza pensare che fosse una specie di incubo.

"Sai togliere la sicura?"

Adrien annuì. Agì sulla leva sopra il grilletto e si mise in posa, come gli aveva spiegato lo zio. Gambe leggermente divaricate, presa ferma e braccia distese.

Tirò il grilletto. Il colpo fu assordante. E mancò il bersaglio.

"Bravo. Non è facile. Il grilletto è duro, vero? È come sollevare cinque chili con un dito. Ci vuole allenamento. Riprova."

Al quarto tentativo la bottiglia andò in pezzi.

Toccò poi ad Alessandra. Che non riuscì nemmeno a tirare il grilletto.

Michele andò un po' meglio e al terzo tentativo, con l'ultimo proiettile del caricatore, centrò la bottiglia.

"Userete questa pistola se sarete minacciati da qualcuno. Sperate di non doverla usare mai."

Poi fu la volta del Parabellum, per cui Michele si dimostrò più portato. Adrien lo puntò per scherzo verso la ragazza e si meritò un feroce rimbrotto del partigiano. Il sole saliva nel cielo azzurro, e cresceva il caldo. Una brezza leggera muoveva le fronde dei frassini. Fece anche capolino un cervo, fra i rami, per ritirarsi subito dopo. I tre ragazzi indossavano ancora i vestiti della notte della sfida e cominciavano a puzzare un po'. Un'ora dopo Nuto e Nini si dichiararono soddisfatti dell'addestramento. I tre pregustavano il percorso in discesa ma, una volta spenta la sigaretta, Nuto indicò gli zaini e un sentiero che non era quello da cui erano arrivati.

Si incamminarono nel bosco, apprezzando il fresco che veniva dall'ombra degli alberi.

"Chissà cosa staranno pensando i miei..." Adrien si accostò ad Alessandra, che ne fu sorpresa.

"Sì, anche i miei saranno in pensiero."

"Eh."

Il dialogo terminò nel nulla da dove era iniziato, ma proseguì con un paio di occhiate, che i due si scambiarono, guardandosi e cercando di non essere visti. Avresti detto che si piacevano, se non fosse che lui pochi giorni prima l'aveva chiamata "vacca" e che lei si era premurata di tagliare personalmente la ruota della sua bici, e lo aveva fatto con un certo gusto...

Nuto e Nini chiudevano il piccolo gruppo, qualche passo indietro. Chiacchieravano in dialetto e un po' sottovoce, per non farsi sentire dalle tre nuove reclute.

Il sentiero cominciò a inerpicarsi, con poche curve e un buon dislivello da superare. Scollinarono dopo venti minuti, per ritrovare un sentiero con pochi alberi, mentre la violenza del sole si abbatteva sulle loro teste. Dopo un'altra mezz'ora di saliscendi videro una costruzione poco lontana.

Nuto li fece fermare nel prato e posare gli zaini.

"Toglietevi le camicie."
Alessandra lo guardò con occhi interrogativi.
"No, tu no, solo i ragazzi. Cento flessioni. Cominciate pure."
Adrien scosse la testa, ma fu il primo a piegarsi a terra e poggiare le mani. Aveva un fisico asciutto e muscoloso, la pelle bianchissima al confronto dell'abbronzatura di Michele, molto più abituato a stare a torso nudo. L'altro era più in carne, ma il suo torace dava l'idea di forza e solidità più che di mollezza.
Ale si mise anche lei in posizione.
"Alessandra, puoi sederti. Tu devi solo contare. Andate a tempo."
Così cominciarono, guidati dalla voce di Alessandra. Le prime dieci flessioni furono rapide ed efficaci, poi il ritmo calò.
Adrien sentiva i muscoli bruciare, come se gli stessero spegnendo mille mozziconi sulla pelle.
Al "diciotto" mollò e si lasciò cadere. Alessandra si affrettò a tendergli la mano per aiutarlo ad alzarsi. Adrien aveva il petto ricoperto di fili d'erba, che Alessandra, con molta sorpresa del ragazzo, spazzò via con il palmo della mano. Si guardarono a lungo negli occhi.
Michele arrivò fino a ventitré e poi anche lui si diede per vinto.
I partigiani sembravano contenti e un po' divertiti.
"Vieni qui e fai quello che faccio io," disse Nuto ad Alessandra. Entrambi presero una corda e l'uomo cominciò ad avvolgerla, fino a creare un nodo dalla forma particolare.

"Quando hai iniziato a fumare?" chiese Alessandra a Nuto, che stava sfregando un cerino per accendere la nuova sigaretta, aspettando che la ragazza finisse.

"In Russia. Non avevamo armi buone, ma avevamo tante sigarette. E quando faceva freddo, cioè sempre, ci sembrava di riscaldarci un po', fumando. Cosa che non è vera per niente, ma aiuta. Fumavo già, ma con moderazione e con piacere. Da allora fumo per necessità. Ma se vuoi un consiglio, non iniziare proprio."

Al quinto tentativo il nodo di Alessandra soddisfò le attese del partigiano.

"Adriano, tu ne vuoi una?" chiese Nuto.

Il ragazzo si risollevò.

"Come fai a sapere che fumo?"

"I fumatori si riconoscono tra loro come i compaesani."

Adrien accettò l'offerta.

"Ma è la prima e l'ultima, intesi?"

Il cenno del capo di Adrien valeva un grazie. E a Nuto bastò. Quei ragazzi gli stavano regalando una piccola oasi di serenità nel deserto della guerra. Li avrebbe mandati al massacro? Avrebbero rischiato la vita di lì a pochi giorni? In fondo lo avevano fatto solo due notti prima, con quella loro guerra fra bande.

Scosse la testa, e il canarino gli si appoggiò in cima al capo.

Capitolo 13

Il giorno successivo lasciarono gli zaini alla piccola borgata di case di pietra. Quello che avevano imparato a chiamare Nini, e che non si era mai ufficialmente presentato, non era lì. Fu Nuto a guidarli in direzione di un nuovo sentiero. Si fermarono nei pressi di quella che sembrava una cava. Era come una ferita nella collina, i lembi colorati del verde del prato, mentre la montagna mostrava la sua carne di rocce e pietre. A giudicare dalle proporzioni con la stazza di Nuto, la cava arrivava fino a circa otto, dieci metri di altezza, orlata in alto da una striscia verdissima di vegetazione.

Dove si era fermato il partigiano c'erano alcune rocce, di dimensioni e forme diseguali.

"Voi due," disse Nuto indicando Michele e Alessandra.

Michele si fece avanti. Alessandra attese.

"Alessandra, tu dovrai arrampicarti su quella salita." La ragazza osservò lo spazio senza vegetazione. Non riusciva a capire come avrebbe fatto: sembravano non esserci appigli e il pendio pareva pronto a franare. Ma non fece commenti.

"E tu, ragazzone, aiutami a mettere un po' di ordine. Vedi quei massi lì a terra. Voglio che li sposti da quella parte." E indicò un lembo di prato, probabilmente di trifoglio, alla sua destra.

Adrien sogghignava, sicuro com'era di averla scampata. Quando Nuto se ne accorse gli disse: "Tu, Adriano, invece, vieni con me. Io e te dobbiamo parlare".

Quando il partigiano e il ragazzo si furono allontanati lungo il sentiero che entrava nel bosco, Michele e Alessandra si guardarono.

"Cominciamo?" disse la ragazza.

"Vai prima tu, ti aiuto e..."

"No, no, no. Non mi puoi aiutare. Ce lo avrebbe detto, no? Tu pensa alle tue pietre, che io vado a conquistare la vetta."

"Ma..."

"Niente ma." E si avvicinò al pendio, alla ricerca del modo per salirvi. Mise il piede sinistro su una sporgenza, e afferrò con la mano destra una radice che sembrava spuntare dalla pietra. Mentre stava cercando dove appoggiare il piede destro, la pietra si staccò e lei cadde a terra, battendo il sedere. Si lasciò scappare un gemito.

"Alessandra!" Le andò incontro Michele.

"Fermo! Non mi sono fatta niente." E già si era tirata su per ricominciare l'ascesa.

Michele tornò a osservare il campo di pietre. Cominciò dalle più piccole, che lanciò direttamente sull'erba. Era forte, e sapeva di esserlo, ma le punte aguzze di alcuni sassi e la mole delle rocce più grandi non lo lasciavano del tutto indifferente. Si chiese il perché di questo "addestramento", come lo chiamava Nuto, e decise che era meglio non farsi domande. I sassi medi li portò via sotto braccio, due alla volta, ma sapeva che il peggio doveva ancora venire.

Intanto Alessandra cadeva, riprovava e cadeva ancora, ma ogni volta le sembrava di imparare qualcosa, e al giro successivo trovava un appiglio nuovo che prima non aveva visto, o una sporgenza in cui infilare il piede. Si ricordò di una lezione del padre, quando prima della guerra la portava in montagna. Sono le gambe che ti permettono di salire, non le braccia. E a poco a poco fece sue quelle parole, rendendosi conto che lo sforzo era davvero tutto lì, sulle sue lunghe gambe magre, e che le mani in realtà non servivano che a trovare gli equilibri giusti. Era ormai a metà ascesa, e questa volta le pareva quella buona.

In basso invece ogni roccia sembrava pesare più della precedente. Michele si chiese se era stato giusto partire dalle più leggere e lasciare per ultime quelle pesanti. E provò a cambiare strategia. Una pietra, in particolare, veramente voluminosa, che poggiava su un'altra più piccola, gli suggerì un'idea. Pensò a certi contadini smilzi che portavano pesi enormi sulla schiena. Esatto, sulla schiena. Non fra le braccia.

Si accovacciò e si appoggiò con tutta la schiena

al pietrone, pregando Dio di non venirne schiacciato. E poi, lentamente, prendendolo con le mani, spostò piano piano il masso sottostante verso di sé, trovando un nuovo equilibrio. A poco a poco la pietra scivolò sulla sua schiena e Michele, piegandosi in avanti, sentì che ce la poteva fare. Si rialzò dalla posizione inginocchiata e mosse i primi passi in avanti. Era pesantissima, ma non come sarebbe stata se avesse cercato di prenderla afferrandola con le mani. Un sorriso gli si disegnò in volto e quando sentì urlare "Che forza!" da un punto indefinito più in alto di lui, per poco non barcollò e cadde. Decise che se ne sarebbe occupato subito dopo e a piccoli passi guadagnò il prato, dove rovesciò il macigno. E guardò alle sue spalle, in alto.

Alessandra era in cima alla ferita, seduta sull'erba con le gambe penzoloni.

"Complimenti!"

"Oh sì. E da qui si vede un gran bel panorama. Ti dirò, tutti quei massi che stai spostando sembrano delle pietruzze."

Michele scosse la testa, sempre sorridendo. E riprese il lavoro. Utilizzò il trucco della schiena in un'altra occasione, ma ora che aveva spostato il masso più grosso pareva sollevato e, invece di essere stanco, a ogni presa si sentiva più forte.

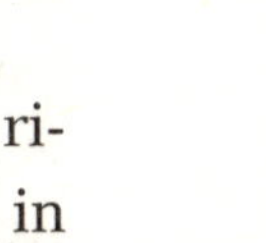

Alessandra lo guidava dall'alto, con consigli non sempre utili, ma che lo divertivano.

"Ora prendi quella color cervo."

"Sarebbe quella marrone?"

"Sì, marron cervo. Vai su quella fatta a forma di secchio della latrina."

Michele si guardava in giro e cercava di indovinare dove mai potesse essere la pietra a forma di secchio. La voce di Ale gli teneva compagnia e alleviava il suo sforzo.

Nuto e Adrien tornarono poco dopo che l'ultimo sasso fu spostato.

"Bel lavoro, signorina. E anche tu, giovanotto."

Nessuno osò chiedere dove fossero stati. Adrien sembrava contrariato o confuso e non spiccicava parola. Non disse nulla nemmeno la sera, quando si ritrovarono a mangiare un piatto di zuppa calda nella casa di pietra della borgata.

Alessandra era, come sempre, la più chiacchierona. Faceva domande al partigiano e cercava di coinvolgere i due ragazzi. A Michele parve evidente che lei si rivolgesse soprattutto a Adrien, ma non ci fece troppo caso.

Avrebbero scoperto solo tempo dopo che cosa si erano detti Nuto e il ragazzo durante la lunga assenza. Avevano parlato di un soldato che amava la patria, l'esercito, il re, la divisa. Che credeva nell'ordine costituito, nelle parate, nei giochi sportivi splendidamente organizzati, nella forza dell'esercito italiano. Ma poi era andato in guerra, in un posto lontano e freddo. E si era sentito tradito. Tradito dalle stesse cose che amava. Aveva visto troppa gente morire, aveva temuto anche per sé e pensava che non avrebbe visto più, nemmeno da morto, la sua Cuneo. E aveva sentito la rabbia invaderlo, sempre di più, fino a scorrergli nelle vene mescolata al sangue, quel sangue che un tempo avrebbe offerto alla patria che non lo meritava. Quel sangue che oggi era pronto a offrire a una nuova patria, contro i tedeschi che amici non erano mai stati e che al suo fianco non avevano mai veramente combattuto.

Era una storia triste, lunga e ancora senza un finale. E quel finale, ora, riguardava anche loro tre. Il contadino dalle braccia forti, la ragazza che si arrampicava come un gatto, il figlio del fascista che cominciava a capire che, spesso, le stesse storie possono essere raccontate in modi diversi. E che a volte il modo nuovo con cui ti raccontano una storia che ti sembrava di conoscere già non è per niente male.

I partigiani diedero la buonanotte ai ragazzi e si ritirarono nella loro stanza. Michele si addormentò subito, esausto. Sognò, ancora una volta, Antonio inerme, ai piedi della fornace. Era circondato da soldati vestiti completamente di bianco, che gli urlavano contro in una lingua straniera. Quando uno di questi puntò la pistola sulla nuca del ragazzo, Michele si svegliò di colpo. Aveva bisogno di bere e di prendere una boccata d'aria. Cercando di fare meno rumore possibile, si trascinò verso la porta, diretto alla fontana.

Si bloccò sulla soglia della casa. Seduti sul bordo della vasca c'erano Adrien e Ale, e non era un sogno, nemmeno un incubo, anche se gli somigliava. Si stavano baciando.

Capitolo 14

Nini tornò al mattino presto, non aveva la faccia di chi porta buone notizie. Prese Nuto in disparte mentre i ragazzi facevano colazione con latte appena munto e una fetta di pane, e cominciò a parlargli concitatamente. Nuto annuì più volte e poi andò da loro.

"Forza, non abbiamo tempo da perdere."

Ripeterono l'addestramento del giorno prima: una marcia estenuante, esercitazioni di tiro, dove Adrien si dimostrò il più dotato, prove di forza in cui prevaleva sempre Michele, arrampicata libera per Alessandra, ma fecero di ritorno alla borgata presto, nel primo pomeriggio. Nuto dava ordini secchi, più nervoso e impaziente dei giorni precedenti. Il sole caldo faceva il resto. Quando i ragazzi arrivarono nella borgata si lasciarono cadere sul prato, erano esausti.

Nuto li incalzò dopo pochi minuti. Mandò Michele a fare legna nel bosco, Adrien a scaricare il mulo dalle vettovaglie appena arrivate e affidò Alessandra a Nini.

"Vieni," le disse il portaordini sbrigativo. "Ho bisogno di te in casa."

La ragazza lo seguì, facendo scricchiolare le ossa del collo che avrebbero gradito riposare ancora un po' sull'erba tiepida. Nini sollevò il coperchio di una botola, che chiudeva un buco tondo, largo all'incirca mezzo metro, nel quale si intravedeva la sagoma di una scala di legno.

"Vai sotto, troverai marmellata e conserva di pomodoro. Aspettami lì, che ti passo le nuove provviste." Ale si infilò nel buco, scendendo con attenzione i pioli della scala. Erano probabilmente marci, perché sembravano cedere ai suoi passi. Dovevano essere una decina. Non appena sentì la terra sotto ai piedi, la ragazza provò ad allargare le braccia in tutte le direzioni. La cantina, o quello che era, aveva la forma di un cilindro largo meno di un metro. Fu allora che sentì la botola chiudersi sopra di sé.

I ragazzi tornarono dalle rispettive occupazioni. Nuto si era seduto sul bordo di pietra della fontana e aveva acceso una sigaretta. Michele posò la legna raccolta, mentre Adrien scaricava l'ultimo giro di provviste dal mulo, che aveva sistemato sui gradini di pietra all'ingresso della casa.

Nini arrivò di corsa.

"Dov'è la ragazza?" disse con la faccia sconvolta.

Nuto fece un'espressione sorpresa, ma non si mosse.

"Era con te, Michele," disse Nini puntando il dito contro il ragazzo.

"No, io ero a fare legna."

"Sì, ma le ho detto di raggiungerti, era con te. Ora non c'è più."

Adrien sembrò tornare in sé.

"Cosa le hai fatto?"

"Io?" replicò confuso Michele.

"È per noi due, vero? Ti ho visto ieri sera. Sei geloso? E te la sei presa con lei?"

Michele sembrava non capire. Nuto osservava i due ragazzi, senza dire o fare nulla.

Alessandra provò a urlare. Pensò che Nini fosse ancora in casa, e che potesse sentirla e sollevare la botola. Si arrampicò sui pioli della scala, il terzo cedette e il suo ginocchio sfregò dolorosamente contro il muro di pietra della cella. Riuscì allora a trovare la posizione giusta per spingere con entrambe le mani la botola, ma non si muoveva di un centimetro. Impossibile, resta calma, pensò.

Ci credi che da allora non scendò più in cantina?

Urlò ancora una volta la sua richiesta di aiuto, e di nuovo puntò le mani sul lato inferiore della botola. Non si mosse. Capì subito che, per quanto lei non fosse così forte, nella resistenza che le opponeva la botola c'era qualcosa di strano. Non riusciva a muoverla non perché era pesante. Ma perché era stata bloccata.

Sentì il cuore accelerare di colpo e il respiro venirle meno. Era stata rinchiusa lì dentro apposta. E forse non ne sarebbe mai uscita. Aveva ragione Adrien, i partigiani li volevano morti, e a lei toccava la morte peggiore, per asfissia, al buio, e chissà se i suoi amici erano ancora vivi. Provò a urlare con il fiato che le rimaneva, ma la voce gli uscì stanca e pastosa. Le mancava l'ossigeno.

Adrien prese la rincorsa e si lanciò con la testa nello stomaco di Michele. Il ragazzo non si aspettava quell'attacco e finì con la schiena per terra. Adrien era una furia, lo colpì con due pugni sul mento e il terzo gli avrebbe sicuramente rotto il naso, se Michele non avesse avuto la prontezza di schivarlo e avesse così lasciato affondare il pugno dell'avversario nell'erba. Grazie a quella mossa Michele ritrovò la lucidità, liberò una mano e prese Adrien per il collo, allontanandolo via da sé.

Stai calma, Ale. Stai calma, si ripeteva. Cercò di fare respiri profondi e a poco a poco la mente tornò abbastanza lucida. Almeno da farle notare un segno tondo luminoso sopra di sé, dove era appoggiata la botola.

Un filo di luce significa spazio sufficiente per fare passare aria e quindi ossigeno. Non sarebbe morta di asfissia. Doveva solo rimanere calma.

Michele e Adrien ora si affrontavano in piedi, come pugili. Adrien provò a colpire l'avversario con un calcio, Michele fu pronto ad afferrargli il piede e a fargli perdere l'equilibrio. Adrien cadde sulla schiena e Michele gli fu sopra. Lo riempì di sberle, forti come badilate. Adrien si dimenava a più non posso e, cogliendo di sorpresa Michele, riuscì a sfilarsi da sotto e a colpirlo con un pugno allo zigomo, che cominciò a sanguinare.

Nuto osservava senza dire niente, ma i due ragazzi erano ormai del tutto inconsapevoli della sua presenza. Il centro del mondo, in quel momento, era la faccia dell'avversario. Lo spazio della lotta era una bolla isolata dal resto del mondo, il tempo scorreva al rallentatore, sfuggendo alle leggi fisiche.

Ale aveva perso il senso del tempo. Le sembrava di essere lì da mezza giornata, in realtà era trascorsa poco meno di mezz'ora. Sentì dei passi avvicinarsi alla botola. E la linea di luce si riempì fino a formare una perfetta forma circolare. Che incorniciava il volto imbarazzato di Nini.

Michele sanguinava dalla faccia, Adrien dal naso. L'ultima sberla del contadino gli era arrivata in pieno sull'orecchio e aveva trasformato il rumore del mondo in un fischio continuo. Ma non desistette. Con un urlo si lanciò sulle gambe di Michele e ancora una volta lo fece cadere. Approfittò dell'attimo di smarrimento per caricare il destro. Questa volta l'obiettivo era il naso.

"Cosa fate?" Ale corse addosso al groviglio dei due maschi, appena prima che Adrien sferrasse il suo pugno. Si bloccarono entrambi. "Cosa fate?" ripeté la ragazza, questa volta piangendo. Li aiutò a tirarsi su dalla terra e dall'erba, sporchi e sanguinanti. Singhiozzando, abbracciò Michele e poi Adrien.

Nuto guardava soddisfatto quell'insolito abbraccio a tre. I ragazzi si stringevano forte e piangevano, tutti insieme ora.

Attese qualche secondo, si accese una sigaretta e poi disse a voce alta: "Bene. L'addestramento è finito".

Capitolo 15

Fu in quel momento che Ale si staccò dall'abbraccio e corse, ancora piangendo, verso il partigiano. Cercò di colpirlo con i pugni chiusi, ma Nuto ebbe vita facile a bloccarle i polsi.

"Sei un mostro, un mostro. Perché lo hai fatto? Perché ci fai questo?"

Nuto non replicava, lasciò che la ragazza si sfogasse, e quando lei fu così scossa dai singhiozzi da perdere le forze, le lasciò i polsi e la fece sedere a terra.

Ora tutti, Michele, Adrien e Nini, guardavano il partigiano. In attesa che parlasse.

"Dovevo farlo," sentenziò.

Fece una pausa, posando il suo sguardo più duro sui due ragazzi. Li guardava dritto in faccia e lo stesso fecero loro.

Poi scelse di fissare gli occhi su quelli di Ale. "Dovevo farlo. Dovevo capire cosa sarebbero stati disposti a fare per te."

Ale lo guardava dal basso in alto. I singhiozzi convulsi avevano lasciato il posto alle lacrime, che le scendevano disegnando una scia chiara sul viso impolverato.

"Sapevo che Michele si sarebbe buttato nel fuoco per te. L'ho capito fin dal primo giorno. Ma Adrien? Sarebbe stato disposto a salvarti la vita, magari rischiando la sua? Ora lo so."

Ale tirò su con il naso, con un po' di imbarazzo. "Non c'era un altro modo? Non potevi, non so, chiederglielo e basta?"

Nuto si fermò a pensare. E poi, sollevando la ragazza gentilmente e prestandole un fazzoletto preso dalla tasca dei pantaloni, rispose: "No".

I ragazzi, ancora leggermente sotto shock, andarono a lavarsi alla fonte. Se le erano suonate per bene, ma non avevano avuto il tempo di farsi troppo male. Il taglio allo zigomo di Michele smise presto di sanguinare, così come il naso di Adrien, che l'ennesimo ceffone dell'amico non era riuscito a rompere.

Mangiarono in silenzio e poi Nuto li fece uscire sul prato. Era una sera fresca e serena, e già prima del tramonto si intravedeva la falce sottile della luna crescente. Si sentivano frinire i grilli e le lucciole brillavano come stelle di terra.

"È giunto il momento di spiegarvi perché siete qui," esordì il partigiano. Aprì una mappa consunta, su cui aveva segnato a penna frecce e indicazioni e spiegò lentamente che cosa sarebbe avvenuto di lì a due giorni.

"Partirete all'alba, dopodomani. E andrete qui,"

disse puntando l'indice su un luogo senza indicazioni sulla mappa, se non un segno di penna di forma ovale.

La scritta più vicina recitava CHIAPPI.

"In questa borgata ci sono i tedeschi. Sono gli ultimi rimasti in Val Grana. E quando non ci saranno più la valle sarà interamente nostra. Non sono molti, i crucchi, ma sono ben armati, e anche se per loro la valle è ormai persa, non vogliono lasciare questa postazione, che non è certo così strategica come la Valle Stura. Questa è una valle infida, cattiva, e non porta da nessuna parte. E quindi se ne andranno presto."

Fece una pausa per accendersi una sigaretta, mentre Nini versava a entrambi un liquore trasparente, forse una grappa. E il canarino, silenzioso, li stava a guardare.

"Purtroppo, però, abbiamo bisogno di distrarli un attimo. Gli inglesi ci hanno annunciato un lancio, dopodomani, la mattina, proprio qui." E puntò l'indice su una zona in cui passava il torrente Grana, a est della borgata Chiappi. "Ci manderanno cibo, armi, vestiti e munizioni. Per i partigiani sono pane e acqua per resistere nei prossimi mesi. Ma se i tedeschi non guardano dall'altra parte mentre arriva il pacco regalo, nessuno riuscirà a recuperare quella roba."

"E noi che c'entriamo?" chiese Adrien.

"Voi siete quelli che li costringeranno a guardare altrove. E anche qualcosa di più."

Fece scivolare il dito dalla borgata Chiappi fino

all'ovale segnato con la penna. Il canarino cinguettò sulla sua spalla.

"Questa è una ex miniera. Ci prendevano il rame nell'Ottocento. Poi non lo hanno preso più. Troppo scomoda e quasi esaurita. E troppo pericolosa. Ma in pochi sanno che quella miniera un tempo aveva due entrate. Una qui, dove vedete questo segno. E una esattamente sotto il loro culo tedesco."

Ora anche Nini, che non doveva essere al corrente di tutti i particolari, ascoltava rapito.

"Un nostro amico che i tedeschi hanno cacciato di casa per farla diventare la loro caserma, ci ha raccontato che esiste un passaggio che collega l'ex miniera alla sua cantina."

"E allora perché non lo avete usato prima?" chiese Alessandra.

"Già, perché? Il nostro amico ci aveva provato, ben prima della guerra, ma ha trovato un passaggio pressoché ostruito. Il tubo è diventato un tubicino. In cui nessun uomo riuscirebbe a entrare."

Fece una pausa e li fissò. Il mondo intero sembrò trattenere il fiato.

"Ma un bambino, molto magro e molto agile, sì."

Il suo sguardo si fermò sulle pupille azzurre di Ale. Anche i due ragazzi si voltarono verso di lei.

E Nuto, con calma e risolutezza, spiegò i dettagli del piano. Parlò a lungo, senza che nessuno avesse il coraggio di interromperlo. E poi tacque. I ragazzi rimasero a bocca aperta: non si trattava soltanto di "distrarre" i crucchi. Avrebbero dovuto fare molto di più. Sarebbero dovuti entrare nella tana

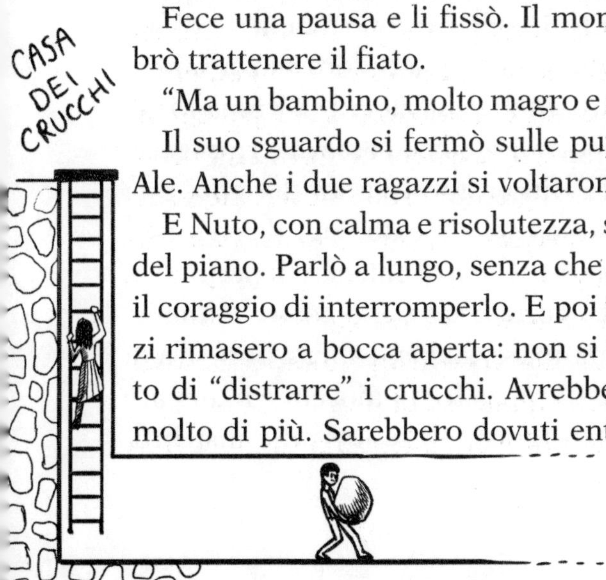

del lupo, e sperare di uscirne di nuovo senza che il lupo li azzannasse. Trascorsero lunghi attimi di silenzio. Nessuno osava replicare, e tutti aspettavano che fosse Nuto a proseguire.

"Sapete, voi non siete soldati. Ai miei soldati avrei detto: andate e fatelo. A voi non posso dirlo. E non voglio dirlo. Prima che mi raccontassero della vostra guerra fra bande e di quella corsa nel cimitero, avevo deciso di lasciar perdere. Ma poi ho incontrato voi. So che voi ce la farete, eppure sono ancora indeciso. Credo di essere stato un buon comandante, quando ero nell'esercito, perché avevo le idee chiare, e chiedevo ai miei soldati di fare soltanto le cose che si potevano fare. E invece ora, di fronte a voi, mi rivelo un pessimo capo. Non vi ordino di farlo. Ve lo chiedo. Come se fosse un favore. E voi potete dirmi di no. Io, alla vostra età, avrei detto di no." Pronunciò le sue parole con tono grave e lentamente. Era il modo della sincerità, perché era stato sincero, tranne – probabilmente – nella parte finale: il giovane Nuto non avrebbe mai detto di no.

I ragazzi si guardarono fra di loro senza sapere cosa dire. L'incrocio di sguardi era la trama di un lavoro al telaio, con il filo che passava e ripassava, dall'uno all'altra, fino a formare un disegno, una forma che nessuno aveva ideato. Fu Adrien a parlare, e lo fece per tutti, senza chiedere il permesso.

"Ci hai rapito, portato via dalle nostre famiglie. Ci hai fatto camminare, sudare e fare a botte fra di noi. Ci hai fatto dormire fra i pidocchi e mangiare formaggio. Ci hai fatto sentire inermi e insignificanti come insetti. Ma anche, di colpo, grandi. Forse finirà male e ci schiacceranno, come si schiacciano gli insetti."

Fece una pausa, guardò i due amici e poi allungò la mano davanti a sé. "Ma io ci sto."

Michele e Ale non aggiunsero nulla. Si limitarono ad annuire e a mettere la mano su quella di Adrien.

Trascorsero l'intero pomeriggio su e giù per i sentieri della zona, seguendo strade nascoste agli sguardi, e di tanto in tanto Nuto si fermava e mostrava loro i luoghi importanti per la missione. Videro l'imbocco della miniera e si trovarono infine in una grangia, un deposito malmesso sulla via che conduceva a una rocca che Nuto chiamava Cucuja. A tutti sembrò di aver camminato per una settimana intera.

Quella notte nessuno dormì veramente. Nuto lesse e rilesse lettere e messaggi che Nini gli aveva portato al mattino. Poi prese carta e penna, e cominciò a scrivere. Il primo a cui scriveva era sempre Livio, l'amico della guerra che stavano combattendo insieme, e anche l'unico che sapeva sempre infondergli coraggio. Gli raccontò di come stavano andando le cose e, come faceva solo con lui, depose la corazza da comandante e mise a nudo i suoi dubbi. Stava facendo la cosa giusta? Era giusto usare dei ragazzini per fare la guerra? Era quello il mondo di domani che stavano sognando?

Nini stava aspettando che terminasse, ormai pronto a ripartire. Si salutarono con un cenno, senza smancerie e senza grandi rituali. Poi Nuto uscì nell'aria fredda della notte. Si accese l'ultima sigaretta della giornata e intonò la sua canzone, quella che aveva scritto con Livio proprio in quella borgata, poche settimane prima. *La badoglieide*, l'avevano intitolata. Parlava di un capo, il generale Badoglio, che aveva tradito i suoi ideali e si era dimostrato un codardo, e anche qualcosa di più:

"T' l'as mai dit parei,
t' l'as mai fait parei,
t' l'as mai dit, t' l'as mai fait,
t' l'as mai dit parei,
t' l'as mai dilu: sì sì
t' l'as mai falu: no no
tutto questo salvarti non può".

"Non hai mai detto così, non hai mai fatto così." Nuto odiava i vigliacchi e soprattutto chi non si prendeva le proprie responsabilità. Il canarino sembrava apprezzare la voce di Nuto e si unì al canto appena sussurrato dell'uomo. I tre ragazzi erano dentro, al buio, con gli occhi spalancati. Ripensavano a quello che gli aveva raccontato il partigiano. Avevano paura, per se stessi e per gli altri. Ale ricordò quei lunghissimi minuti che aveva trascorso rinchiusa sotto la botola. Anche se ora capiva perché facesse parte dell'addestramento, sentì comunque lo stomaco stringersi e il fiato accorciarsi. Capì che era stata la prima volta in vita sua che aveva provato davvero paura. E sapeva, ora, che cosa significava: la paura è un'anteprima della morte.

Se la morte è l'ultimo spettacolo, la paura è come quell'uomo che gira per le strade del paese, quando arriva il teatro delle marionette, per invitarti a partecipare. "Venite, signore e signori, bambine e bambini. Vedrete amori, battaglie, cavalieri e donzelle. Vedrete come si muore a undici anni, chiusi in un tubo senz'aria o uccisi da uno straniero."

Michele si rendeva conto che era stupido, in quel momento, pensare ad Alessandra e Adrien. Ma non poteva farne a meno. E sebbene sapesse che era più probabile che di lì a due giorni sarebbero morti in missione piuttosto che contendersi una fidanzata, provava una feroce gelosia. Poi i pensieri neri e arrabbiati scivolarono verso i colori chiari della speranza: non riusciva a non sognare il futuro. La cascina, i suoi figli, un cane che avrebbe chiamato Lampo. E migliaia di giorni da trascorrere al fianco di Ale.

Adrien avrebbe voluto piangere, ma non voleva che gli altri se ne accorgessero. Si sentiva diverso da pochi giorni prima, ma non era ancora sicuro che la cosa gli piacesse. Pensò a suo padre, che secondo Nuto aveva fatto la scelta sbagliata. Pensò a sua madre e a quell'intera settimana in cui non aveva parlato al marito, e Adrien non aveva mai capito perché. In realtà il perché lo aveva sempre saputo e c'entrava con Aronne, con quell'amico alto come lui, di cui non aveva più saputo nulla dopo quell'ultima visita e chissà dov'era e se stava crescendo uguale a lui.

Presero sonno molto tempo dopo. Rientrando,

Nuto gettò un'ultima occhiata al gruppo dei "suoi" ragazzi. Michele si era addormentato tenendo la mano destra di Ale, mentre la sinistra della ragazza era chiusa su quella di Adrien. Nuto ebbe l'impressione di essere di fronte a qualcosa di incredibilmente prezioso, e fragile. Sorrise e li salutò sottovoce: "Buonanotte, soldati".

Capitolo 16

Il sole era sorto da poco, e Nuto lo aveva atteso già in piedi, girovagando intorno alla casa. Canticchiava, accompagnato dal fedele pennuto, che ogni tanto carezzava con l'indice. Sapeva cosa doveva fare, aveva pensato a lungo a quello che li attendeva in quella giornata. Attese che si svegliassero, più tardi del solito.

La colazione fu ricca: latte e pane, questa volta ricoperto di abbondante marmellata di cotogne. I ragazzi si erano svegliati, almeno all'apparenza, tranquilli, dopo una notte difficile e piena di incubi e pensieri. Si contendevano la marmellata sotto lo sguardo soddisfatto di Nuto.

"Scendiamo a valle," annunciò poco dopo il partigiano. "Mettete i vestiti della festa."

Alessandra si guardò i pantaloni corti e la maglietta, ormai decisamente sporchi, e si mise a ridere.

I ragazzi non erano messi meglio, ma si erano abituati all'odore non proprio fresco che emanavano.

Partirono verso metà mattina, li attendeva qualche ora di cammino, ma questa volta in discesa. Nuto li precedeva, mentre i tre camminavano allineati e con una certa baldanza. Era la gioia prima della tempesta che li attendeva.

Ci volle un po' di tempo a Michele per capire che Ale e Adrien cercavano un pretesto per stare un passo indietro. Un sasso nelle scarpe, un prurito alla gamba. Insomma, dopo poco il contadino si ritrovò a camminare fianco a fianco del partigiano, mentre gli altri due, qualche metro dietro, procedevano più lentamente, prendendosi per mano. Michele gettò lo sguardo alle sue spalle un paio di volte, per poi decidere che preferiva non vedere.

Con un cenno Nuto provocò un frullo di ali del canarino, che si posò sulla spalla del ragazzo.

"Passagli il dito sulla schiena, gli piace."

Michele provò, e il canarino gli rispose con un cinguettio allegro che mosse il ragazzo a un sorriso.

"Dove andiamo?" chiese.

"Valgrana."

"A fare che?"

Nuto rimase un attimo in silenzio. "A festeggiare la fine dell'addestramento, no?"

Michele parve dubbioso e Nuto se ne accorse. Attese la sua domanda.

"Ma... lo sanno che sei un partigiano? Non rischi che ti riconoscano?"

"È proprio quello che voglio!" rispose sorridendo e lasciando il ragazzo con dubbi ancora più grandi.

Arrivato in paese, Nuto chiese loro di aspettare un attimo, in un posto appena fuori dal paese, e tornò con un cesto di vimini pieno di profumato pane fresco, una crostata ai mirtilli, un panetto di burro, due pugni di ciliegie e un salame. Con il suo coltello da tasca ne tagliò delle generose fette, passandole man mano ai ragazzi. Spalmarono il burro quasi giallo sul pane e mangiarono di gusto.

"Sembra quello che faceva mio padre," disse Michele.

"A casa mia il salame si mangia solo la domenica," aggiunse Ale.

"Ma oggi è domenica!" notò Nuto.

Da quanti giorni erano sui monti? Da quando non dormivano in un letto vero, morbido e senza pidocchi? Si fecero silenziosi e fu facile intuire che stavano pensando a un passato che pareva tanto lontano. Chissà cosa stavano facendo i loro amici. Chissà se le loro bande avevano saputo di come era finita quella sciagurata gara. E Antonio? Era sopravvissuto?

Ancora una volta Nuto prese da parte Adrien. Si allontanarono di qualche metro e attaccarono a confabulare fra loro.

"Troverai una donna, probabilmente di fronte all'osteria. È bionda e appariscente e ha un sorriso dolce e ammaliante. Ma è una spia."

"E perché dovrei andare da una spia?"

"Perché le racconterai cosa *non* vogliamo fare, cosicché possiamo fare ciò che vogliamo. La donna è una *mutina*, noi li chiamiamo così i repubblichini della Brigata Muti, le spie dei fascisti. E non vede l'ora di riportare ai capi cosa sta facendo il sottoscritto. Bada bene a non farti vedere con me. Nessuno di voi deve farsi vedere con me. Le dirai che c'è un piano per minare il ponte di Vernante, che scatterà domani mattina all'alba. Le dirai che sei figlio di tuo padre – stai pur certo che lo conosce – e che hai ascoltato una conversazione fra partigiani. Ti crederà. Le dirai che sono anch'io in paese e che basterà seguirmi per sventare la minaccia. E se non basterà, le dirai che hai intercettato questa." Gli porse una lettera.

"E quindi ti venderò ai fascisti?"

"Di quello non ti devi preoccupare, me la so cavare. I mutini sono il mio passatempo preferito. Il mio vero lavoro sono i tedeschi!" Nuto rise.

Adrien annuì.

"Ed è bene che tu lo faccia di nascosto da Michele e Alessandra: temo che penserebbero male di te e che non si fiderebbero."

"In che senso?"

"Penserebbero che chi nasce fascista muore fascista. Che ci hai ripensato, e stai vendendo tutti noi al nemico. È più facile cambiare se stessi che non l'opinione che gli altri hanno di noi."

Tornarono con un cesto di porcini dove avevano lasciato Alessandra e Michele.

"Vi piacciono i *bulé*?" chiese Nuto, allegro. "Domani, quando tutto sarà finito, funghi fritti e un sorso di questo vino," proseguì sollevando un fiasco scuro. "Ma, nell'attesa, dovrete fare a meno di me. Soldati, è bene che ci salutiamo qui, ma ci rivedremo presto."

I ragazzi rimasero stupefatti: quell'uomo stava chiedendo loro di rischiare la vita e se ne andava sul più bello?

Nuto strinse vigorosamente la mano di Michele e Adrien e fece un galante baciamano alla ragazza. Dopodiché allungò il dito verso il canarino che vi si appese e delicatamente lo posò sulla spalla di Michele. "Ti terrà compagnia," gli disse.

Michele annuì e carezzò il canarino sulla schiena, come Nuto gli aveva insegnato.

"Ah, Adrien, non dimenticare l'olio! Sennò come li cuciniamo i funghi..."

Il ragazzo fece un vistoso cenno del capo: quello era il comando convenuto per andare a fare due chiacchiere con la spia. Era nervoso, agitato e sudato, ma si alzò in piedi cercando di muoversi con naturalezza.

Michele lo guardò di traverso. Qualcosa non gli tornava. "Vengo con te, Adrien?"

Fu Nuto a rispondere per lui. "No, Michele, andate sulla strada, Nini sta arrivando con la motoretta. Caricate tutto, che per oggi la fatica è finita."

Aveva bisogno di quella piccola messinscena, per evitare che sospettassero dell'incarico che aveva assegnato a Adrien. Li guardò ancora una volta negli occhi, tutti e tre. "E buona fortuna, soldati."

Nuto volse loro le spalle e a lunghe falcate scese verso l'ingresso del paese. Poco più tardi si incamminò Adrien. Michele finse di rimanere lì e poi, con la scusa di cercare un posto per una certa urgenza fisiologica, lasciò Alessandra a fare la guardia alle provviste e seguì a distanza l'amico.

Lo vide andare verso l'osteria e avvicinarsi a quella donna. Li vide parlare per qualche minuto e poi notò che lei si guardava intorno, come a cercare qualcuno. E infine scorse lui consegnargli un pezzo di carta.

Adrien ci ha traditi, pensò Michele. Fascista, figlio di un fascista, perché mai lui dovrebbe essere diverso?

Fece ritorno da Ale. Si chiedeva se avrebbe dovuto informare anche lei e in pochi secondi decise che non lo avrebbe fatto. Non gli avrebbe creduto mai, ormai era il *suo* Adrien. Ma lui avrebbe tenuto gli occhi aperti per tutti e due. Non l'avrebbe abbandonata.

IL TUO CUORE GRANDE

La motoretta guidata da un Nini quasi baldanzoso si annunciò con una grande fumata grigia dalla marmitta. Salirono tutti e tre sul piccolo rimorchio, insieme alle provviste, e si godettero il sole e l'aria di quella frizzante domenica di giugno.

Capitolo 17

Erano tornati a bordo della scoppiettante motoretta a tre ruote di Nini divertendosi come pazzi, almeno Adrien e Ale. A ogni curva si rotolavano addosso, a ogni buca della strada scoppiavano a ridere. A causa di una sterzata un po' più brusca, sulla via verso Campomolino, Adrien si era ritrovato quasi sbalzato fuori e acciuffato al volo dalle mani possenti di Michele. Che cercava di sorridere, ma era tormentato dalla scena a cui aveva appena assistito.

Il divertimento, le battute si erano fermate sulla soglia della casa. Un'occhiata a ciò che stava sul tavolo bastava a ricordare cosa li attendeva e a spegnere ogni fiamma di buonumore. Uno zaino. Il Parabellum, la Beretta. Una bomba a mano.

"Eccoci, ragazzi."

"Dov'è Nuto?" chiese la ragazza.

"Nuto non è qui, è sceso a valle. Attirerà l'attenzione di gente interessata a noi e voi avrete una speranza in più di riuscire a farcela."

Michele sentì subito la mancanza della determinazione di Nuto e del suo ottimismo. Nini si accorse della piccola gaffe e cercò di rimediare.

"Io non parlo bene come lui, abbiate pazienza. Ma so che ce la farete, perché lui crede in voi. E quindi anch'io." Si guardò intorno in cerca delle parole giuste, ma non gliene venne nemmeno una, e quindi passò a fare quello che faceva meglio. Riferire gli ordini di altri.

"Ripetiamo insieme il piano."

Cominciò Adrien, interrotto presto dagli altri due. Terminarono in coro.

Nini raccolse dal tavolo la bomba a mano e le armi.

"Spero proprio che non siate costretti a usarle. Ma è bene che le portiate con voi. Adrien, prenderai il Parabellum, e tu, Alessandra, la pistola e la bomba."

"La bomba? Devo usare una bomba?"

"No. Questa bomba è disinnescata. Diciamo che potrà fare da deterrente: forse basterà mostrarla. E per essere più convincente devi imparare a tirare l'anello. Prova."

La ragazza ci riuscì quasi con facilità.

"Ricordatevi quello che avete imparato." E ripeté il piano. "Se tutto va come deve andare, il grosso dei tedeschi avrà lasciato la caserma. Ne resteranno un paio, o forse uno soltanto. Adrien, dovrai coprire loro le spalle e attirare i tedeschi fuori dal quartier generale. Michele, dovrai usare quelle mani forti che Dio ti ha dato e liberare la strada per Ale. Tu, piccola, ripensa alla cella in cui ti ho rinchiuso. E scusami ancora per quella vigliaccata, ragazza coraggiosa. Ricordati che, una volta entrata nel cunicolo, ci sarà l'ossigeno che ti serve. Se senti chiuderti i polmoni è solo la paura. Muoviti lenta e respira. E infine, Michele, tieni a mente il canarino. Quando smette di cantare, è ora di fuggire. I canarini sono da secoli i migliori amici dei minatori, che scendevano nelle gallerie con una gabbietta, pronti a fuggire. Sono sensibili ai gas velenosi e al monossido di carbonio, che ti avvelena senza che nemmeno te ne accorgi. Per cui, se succede, fuggite senza voltarvi indietro. Il pezzo più pericoloso è appena prima che il cunicolo si pieghi verso l'alto, dove tu, Ale, dovrai infilarti. Lì ci sarà ossigeno." E poi aggiunse, ma solo nella sua testa: Quasi di sicuro.

I tre ragazzi annuirono. Si sentivano pronti, forse perché non avevano idea di cosa volesse dire esserlo. Accade spesso, nella vita: allenarsi, prepararsi in vista di un obiettivo ci fa sentire abili. Ma l'arena della battaglia è un'altra cosa. Nel recinto protetto dell'addestramento il vento è una brezza leggera. Sul campo di battaglia soffia spesso un tifone, che alza la polvere, annebbia la vista, ottunde i sensi. Lo avrebbero scoperto di lì a poche ore. Ma li avvolse una placida tranquillità e si addormentarono presto. Li attendeva la giornata più indimenticabile della loro vita.

"Siamo nelle vostre piccole mani," concluse Nini.

Nini li lasciò nei pressi della cappella di San Bernardo di Mentone. Fu un arrivederci frettoloso, fatto di sguardi più che di parole. Mancava poco meno di mezz'ora di cammino, da fare lungo la strada principale fino al punto, dopo Chiotti, in cui avrebbero dovuto costeggiare il fiume, riparati alla vista dalla vegetazione.

Se la mutina avesse fatto il suo lavoro, di lì a poco si sarebbero dovuti sentire i camion della piccola guarnigione tedesca muoversi non appena sorto il sole. Altrimenti, l'ordine chiaro era di ritrovarsi entro l'ora di pranzo a Narbona, e abortire la missione.

L'unico punto debole del piano era come sincronizzare le azioni. Adrien, che aveva il compito di richiamare fuori dal comando tedesco i soldati rimasti di guardia, avrebbe dovuto agire solo quando Ale fosse stata nei pressi dell'uscita del cunicolo, pronta a entrare dalla cantina e salire nella casa. Se Adrien avesse agito troppo presto, la ragazza si sarebbe ritrovata faccia a faccia con il soldato, probabilmente armato, e non si sarebbe trattato di cordiale accoglienza. Ale si sarebbe tenuta pronta: il "via" glielo avrebbero dato gli spari del Parabellum, ma lei aveva il terrore di non sentirli, rintanata nel buio di quella cantina.

Decise di non pensarci. Riuscire a fare bene ciò che era affar suo le sembrava già un'impresa sopra le forze per mettersi a pensare agli imprevisti.

Quando i ragazzi avvistarono il sentiero che portava alla miniera, i primi raggi di sole cominciavano a rubare spazio alla notte. Michele accarezzò senza accorgersene il canarino, che non gli mollava la spalla. Si sussurrarono un rapido "buona fortuna" e si separarono. Michele lanciò un'ultima occhiata a Adrien, sperando di essersi sbagliato sul suo conto. Non gli sembrava possibile, non dopo aver passato insieme ogni secondo di quei giorni incredibili. Sapeva, tuttavia, che non avrebbe potuto fare molto, nel caso in cui Adrien stesse andando a venderli ai tedeschi. In qualche modo si sarebbe difeso, e avrebbe difeso Ale. Ricacciò i dubbi in gola e si mosse verso l'ingresso nella montagna.

Nei pressi del buco nella roccia che avrebbe dovuto condurre al comando tedesco sentirono il rombo delle camionette dei tedeschi. Michele e Alessandra tirarono un sospiro di sollievo: il primo tassello del mosaico che stavano per comporre si era sistemato al suo posto. Michele sentì scemare un po' la tensione che gli annodava lo stomaco.

Era ora di entrare nelle viscere della terra. L'ingresso, seppur stretto, si apriva su una camera sotterranea, umida e fredda, in cui i ragazzi potevano stare in piedi. Ma poco più avanti, lungo un tratto in leggera salita, il soffitto si abbassava man mano. Come gli aveva anticipato Nuto, seguivano i binari di quella che un tempo era la via ferrata su cui si muovevano i carrelli dei minatori, di cui non era rimasta traccia. Ale gli mostrava la strada con una torcia. Fecero un balzo all'indietro quando il fascio di luce illuminò un teschio. C'era una scritta, sotto: "PINO". E il teschio era quello di una capra. Probabilmente uno scherzo macabro dei minatori.

Proseguirono. Come aveva previsto il partigiano, la via ora era stretta e ostruita da grossi massi. Michele si fece aiutare a caricarli sulla schiena, per poi tornare verso l'uscita a depositarli. Per un tratto dovettero praticamente strisciare sui binari. Videro una piccola camera sulla destra, dove finiva un binario morto, e al fondo della via un carrello di legno marcio e ammuffito.

Avevano percorso almeno cento metri, adesso, e notarono con terrore che l'ingresso alle loro spalle non era più visibile: dopo il tratto in salita la miniera doveva aver cambiato pendenza, e il rassicurante oblò illuminato dell'ingresso ora risultava nascosto dalla gobba della salita. Il canarino continuava a cinguettare, e il cuore di Michele che batteva a mille ne trasse momentaneo conforto. Parlavano poco, o nulla. Solo massi da spostare, pipistrelli da cacciare e quell'odore di morte che si faceva più intenso a ogni passo.

Dopo altri dieci minuti in cui proseguire si era fatto sempre più difficile, il fascio di luce incontrò un muro verticale. Erano arrivati al cunicolo.

Capitolo 18

Adrien, nascosto da un folto rovo, osservò sfilare le camionette dei tedeschi. Non mancava molto alla borgata. Quando, dopo altri dieci minuti di cammino, volse il suo sguardo verso l'alto, non faticò a individuare la casa dei tedeschi. Sovrastava il paese, e da una finestra spuntava la canna metallica di una mitragliatrice. Protetto dal rumore del torrente che scorreva alla sua sinistra, studiò la situazione, alla ricerca di un nascondiglio. Vide un anfratto, lungo il pendio, ma pensò che non fosse abbastanza defilato. E poi, vicino a un tiglio, individuò un enorme formicaio. Lo riconobbe subito, perché durante una gita in montagna lo zio gli aveva fatto notare questo miracolo della natura e come insetti piccolissimi potessero costruire case così grandi.

Si avvicinò, sperando che fosse un formicaio abbandonato, come era successo quella volta in gita. Ed ebbe fortuna. Non gli fu difficile ricavare un piccolo passaggio dalla parte non in vista del formicaio e provare a infilarvisi dentro. Nessuno avrebbe potuto vederlo.

La sua parte di missione era chiara: doveva attirare il tedesco fuori della casa per tutto il tempo necessario ad Ale per fare irruzione e sabotare la mitragliatrice e la radio. Quanto ci sarebbe voluto?

Alessandra illuminò una scala di ferro che sembrava il prolungamento in verticale delle rotaie che avevano seguito fin lì.

"Ora mi sa che tocca a te," le disse Michele, sfiorandole la spalla con una mano.

Nel buio Ale annuì. Spense per un attimo la torcia e lo baciò sulla bocca.

"Augurami buona fortuna." Quando Michele si riprese e fu di nuovo in grado di parlare, lei gli aveva affidato la torcia e si era già infilata nell'apertura buia.

"Ti aspetto qui!" le urlò.

"Non ci provare! Ricordati di cosa ha detto Nini." Michele si ricordò dei rischi dei gas velenosi e malvolentieri girò la schiena al muro di roccia e si diresse verso l'uscita, mentre sentiva i passi leggeri di Alessandra sulla scala di ferro. Poi tornò immediatamente indietro. Non se la sentiva di lasciarla lì da sola. Avrebbe voluto seguirla ma sapeva bene che era troppo grosso per passare nel cunicolo.

Solo allora si rese conto che il canarino non era più sulla sua spalla.

"No, no, no, no!" disse a mezza voce e si voltò, tastando con le mani le rotaie. Non c'era tempo di tirare fuori la torcia. Strisciò più veloce che poteva e desiderò essere segaligno come Adrien. Gli sembrava di non respirare più e sperò che fosse solo l'agitazione. Se Nini aveva detto il vero, ormai Ale doveva essere al sicuro, nella parte alta del cunicolo. Si convinse che era così e andò verso l'ingresso sbucciandosi i gomiti sulla terra e sulle rotaie.

La ragazza procedeva bene, senza intoppi. Aveva abbandonato lo zaino e legato la pistola e la bomba alla vita con uno spago, per occupare meno volume. Il cunicolo era sgombro, sebbene strettissimo. Cercava di respirare con calma e liberare la mente dalla paura. In un punto dovette quasi trattenere il fiato, ma riuscì a passare oltre, e capì perché i partigiani avevano avuto bisogno di un essere umano sottile come lei.

Quando con la testa colpì qualcosa si rese conto che l'ascesa era finita. Permaneva l'odore di umido, ma l'aria era fresca. Era arrivata. Ora doveva sperare di sentire gli spari.

Adrien preparò il fucile, tolse la sicura e si sporse dal nascondiglio dietro il tiglio. Vedeva, senza essere visto, la finestra con la mitragliatrice sopra di lui. Ripeté nella sua testa la successione delle cose da fare: doveva sparare in quella direzione un solo colpo. Poi attendere che la guardia si sporgesse. Quello era il momento più pericoloso: avrebbe dovuto fargli capire da dove provenivano gli spari per costringerlo a uscire, senza però farsi vedere. Gli sembrò che il tiglio lo nascondesse completamente. E rischiò. Fece esplodere il primo sparo. Vide una sagoma riflessa nel vetro aperto della finestra. E allora sparò ancora.

Michele sentiva i polmoni bruciare, non poteva andare più veloce e temeva di morire. Ma non poteva morire proprio ora, con il gusto del suo primo bacio sulle labbra. No, non lo avrebbe permesso. Ora doveva uscire. Vide il binario morto e quel carrello mezzo sfondato. Ed ebbe un'idea, forse un ricordo. La tavola da surf di Mario. Con tutta la forza che gli era rimasta divelse le assi marce attaccate alla base e poi vi si sdraiò sopra. Un chiodo o una vite gli si conficcò nella pancia, ma non ebbe il tempo di preoccuparsene. Si diede una spinta e si sentì scivolare in avanti. E allora spinse, spinse ancora, con entrambe le mani, come se nuotasse. Superò la salita che avevano percorso al contrario poco prima e si lasciò andare. L'ultimo tratto era in leggera discesa, il carrello prese a poco a poco velocità e andò a schiantarsi a pochi passi dall'ingresso, contro uno dei massi che aveva spostato poco prima. Era vivo.

Rimase qualche secondo a occhi chiusi, fino a quando un cinguettio glieli fece spalancare di colpo. Il canarino lo guardava a un passo da lui, inclinando la testa. Lo maledisse. "Ma almeno Ale è salva," disse ad alta voce.

Ale non sentì gli spari, ma i passi pesanti e frettolosi sul pavimento di legno le fecero capire che stava succedendo qualcosa. Il tedesco si era mosso e fra poco sarebbe uscito di casa, in cerca del suo Adrien.

La ragazza attese. Ripensò alle parole di Nini: "Non muoverti fino a quando non senti più il rumore dei passi in casa". Quando tornò il silenzio, sollevò la botola sulla sua testa. Tirò fuori metà del busto e si guardò intorno. Una cantina, con molte ragnatele e qualche bottiglia vuota. Si sollevò con cautela e vide un'altra scala, lungo la parete destra della cantina. Cominciò a salire, sempre pronta a scappare al minimo rumore.

Adrien corse a perdifiato, fino ad arrivare al formicaio. Vi si infilò dentro e si immobilizzò. Cercò nella memoria tutte le preghiere che conosceva, ma per qualche motivo non gliene venne in mente che una: "O Gesù d'amore acceso non ti avessi mai offeso o mio caro e buon Gesù non ti voglio offender più perché ti amo sopra ogni cosa". La ripeté a mezza bocca, e poi ancora, come un mantra "ogesùd'amoreaccesonontiavessimaioffeso".

E poi arrivò il tedesco. Guardò attentamente il tiglio dove Adrien si era nascosto poco prima, che distava una decina di metri. Controllò l'erba piegata per capire quale strada seguire per scovare colui che aveva sparato contro la loro postazione.

"...ogesùdamoreaccesonontiavessimaioffeso..."

Continuò a girare in tondo, senza trovare tracce. Intanto il tempo passava e per Adrien era un buon segno: le possibilità che Ale riuscisse nella sua parte di missione dipendevano soltanto da questo.

Ale sfilò dalla vita la finta bomba a mano. Non c'è nessuno. Non c'è nessuno. Non c'è nessuno, si ripeteva. Entrò lentamente nella sala e quando volse lo sguardo verso la finestra, per un lungo attimo il sangue smise di scorrerle nelle vene.

"*Mädchen*," gli disse ghignando il tedesco, che le puntava una pistola contro. Era seduto, in una posa un po' innaturale. Ale, ripresasi, capì perché non aveva sentito nessun rumore annunciargli la presenza di una seconda sentinella. La gamba destra dell'uomo era bloccata in posizione orizzontale da due assi di legno, strettamente legate da diverse cinghie. Doveva essersi rotto la gamba, e per questo era lì, invece di essere insieme agli altri sulle camionette, o di guardia alla caserma.

"Buongiorno," balbettò lei.

"*Was willst du*?"

Ale non capì nemmeno una sillaba ma pensò che il tedesco le stesse chiedendo il perché della sua presenza.

"Cercavo mio zio, ma devo aver sbagliato casa," mentì, con una certa prontezza.

Lo sguardo del tedesco si fissò sulla bomba a mano che teneva nella sinistra e la ragazza capì che non se l'era bevuta, quella bugia. Allora lei tirò la linguetta della bomba e la fece rotolare verso di lui. Approfittando dell'attimo di panico che si disegnò nel viso del soldato, fece due passi e un salto, atterrando sulla gamba steccata dell'uomo. Lui lanciò un urlo e svenne all'istante per il dolore.

Ale cercò di essere lucida. Ascoltò il suo cuore

battere all'impazzata e poi si mosse: con un calcio allontanò la pistola verso l'angolo della stanza. Poi slegò le cinghie dalla gamba e le strinse attorno ai piedi dell'uomo. Prese una corda e la annodò come le aveva spiegato Nuto intorno alle mani. E infine gli mise un pezzo di straccio in bocca. Sperò che non si riprendesse subito.

Rimase immobile per più di un minuto. Poi si ricordò che le restava ancora qualcosa da fare. Gettò l'arma del tedesco fuori dalla finestra e poi si occupò della mitragliatrice. Pesava molto, giudicò che fossero almeno trenta o quaranta chili, ma facendola oscillare, riuscì nell'intento di farla cadere all'esterno. Si voltò poi alla ricerca dell'apparecchio radio. Non le fu difficile riconoscerlo. Ne strappò i fili e finalmente scappò.

Quando la sentinella tedesca sentì, a distanza, un rumore provenire dal paese imprecò in tedesco e tornò di corsa sui suoi passi. Adrien, protetto dal suo nascondiglio, si augurò che Ale avesse avuto il tempo di fuggire.

I partigiani arrivarono un quarto d'ora più tardi. Si nascosero fra gli alberi sul piano intorno al torrente dove sarebbe dovuto atterrare il pacco lanciato dagli alleati inglesi. E attesero. Non c'era traccia di aerei nel cielo limpido.

Capitolo 19

La via d'uscita del piano prevedeva che i tre ragazzi si trovassero nella grangia a est della borgata di Chiotti, e attendessero lì il calare della sera. Dopo averne messo a repentaglio la vita, i partigiani non volevano rischiare che, sul più bello, fossero catturati dai tedeschi di ritorno al comando che avevano sabotato.

Mentre Ale, Michele e Adrien raggiungevano la grangia per tre vie diverse, il tedesco aveva fatto ritorno al comando. Non gli ci era voluto molto per capire che erano stati fregati. Si attaccò alla radio, invano. Cercò di svegliare il collega. E poi si appostò alla finestra. Fu in quel momento che sentì il rombo dell'aereo e vide, in lontananza, un gruppo di uomini intorno al pacco paracadutato dall'aereo.

Sparò con la sua pistola in quella direzione, ma senza mitragliatore era impossibile colpirli. I partigiani lo salutarono da lontano.

Il primo a raggiungere la grangia fu Michele e pochi minuti dopo arrivò Alessandra. Si barricarono dentro e si stesero sulla paglia che copriva parte del pavimento. L'adrenalina aveva abbandonato i loro corpi e la stanchezza li colse all'improvviso, come una coperta pesante.

Dopo un'ora circa sentirono frusciare l'erba intorno alla grangia. Michele sperò che fosse Adrien, ma impugnò comunque la pistola. Rimanendo seduto sotto la finestra, spinse il vetro con la canna dell'arma, in modo tale da poter osservare nel riflesso quanto stava succedendo di fronte alla grangia.

"È Adrien," sussurrò alla ragazza.

Alessandra non perse tempo, corse ad aprire la porta e gli saltò addosso. Il ragazzo, anche lui con l'arma imbracciata, era pallido e provato. Il suo ciuffo era un nodo di capelli arruffato e aveva occhiaie profonde: non appena entrato, crollò sulle ginocchia.

Michele raccolse il Parabellum ai piedi di Adrien e lo spinse lontano. Poi si alzò. Teneva il ragazzo sotto tiro con la pistola, e non aveva intenzione di abbassare l'arma.

"Cosa stai facendo?" gli chiese Ale.

Michele non rispose. Guardava Adrien che gli rivolse occhi imploranti.

"Dimmi la verità," gli intimò.

Adrien non parlò, terrorizzato dallo sguardo del ragazzo.

"Ci hai venduti?"

"No, cosa dici, io..."

"Ti ho visto parlare con quella donna. Rispondi: ci hai venduti?"

"No."

Ale provò a parlare e Michele la zittì bruscamente.

"Ho fatto quello che mi ha chiesto Nuto." E raccontò la sua missione nella missione.

"...E i tedeschi sono scesi a valle, come hai visto anche tu," concluse.

Michele non abbassava l'arma, la mente invasa dai pensieri più contrastanti. Fu lo sguardo di Adrien a convincerlo più di ogni ragionamento.

Adrien lo osservava fra le lacrime che avevano cominciato a scorrergli sul viso e sembravano quelle di chi ha passato una vita a non fidarsi di nessuno e a non essere mai stato ritenuto degno di fiducia.

"È andata così."

Michele abbassò finalmente la pistola e lo abbracciò a lungo.

"Ce l'abbiamo fatta," disse, prima di buttarsi sul pagliericcio e rimanere lì, con gli occhi chiusi.

Le ore che seguirono furono interminabili. Ogni rumore, dallo scricchiolio del legno al frusciare del vento fra i rami, sembrava ai loro orecchi una minaccia mortale. Non avevano appetito, e tuttavia mangiarono il pane e formaggio che Nini gli aveva fatto trovare nella grangia. A fine mattinata sentirono il rumore di un corteo di camionette e pensarono che fossero i tedeschi, di ritorno dalla beffa del ponte. Il rombo si avvicinò e poi si allontanò di nuovo: la tensione si sciolse man mano.

Quando Alessandra parlò si resero conto che erano stati praticamente in silenzio per più di un'ora.

"Allora, siamo stati bravi?!" Da lì si misero a raccontare, per filo e per segno, tutto quello che era successo. Il formicaio di Adrien, il canarino che era morto ma non era morto, la sorpresa di Ale nel vedere il tedesco con la gamba rotta, la tavola a rotelle nella miniera...

Michele fece un lungo sospiro e Ale capì che era sull'orlo delle lacrime. Gli prese la mano.

"Pensavo a mio padre. A cosa penserebbe di me," disse.

"Sarebbe orgoglioso, Michele," gli rispose la ragazza.

"Mio padre molto meno," disse Adrien.

E poi raccontò del padre, che sembrava non provare amore per nessuno, né per la madre, né per la sorella, né tantomeno per lui, e che considerava tutto quello che faceva il figlio come pulviscolo nell'occhio. Lui, fascista per opportunismo più che per convinzione, si ritrovava ad avere un figlio partigiano, o qualcosa di simile.

"Credo che non sopravvivrà alla notizia," sorrise Adrien. "Si butterà dal ponte di Montecalmo gridando 'Eia! Eia! Alalà'."

Risero tutti e tre.

Fu la volta di Michele di raccontare del padre, che sul letto di morte gli aveva strappato una sola promessa: "Tua madre è una brava donna. Ma dovrai essere per lei un fratello maggiore".

Quando era successo, Michele non aveva capito; solo col tempo, a poco a poco, aveva inteso le parole del padre: la mamma si era ritirata in una tristezza infinita e senza posa, Gina era incapace di badare alla casa o al lavoro nei campi. Lui era cresciuto in fretta, aiutato dallo zio, e oggi, sì, stava diventando quasi un fratello per sua mamma, pronto a rassicurarla e consolarla, quando avrebbe dovuto accadere il contrario.

Ale e Adrien ascoltavano rapiti il racconto di Michele, che si dipanava come una storia inventata, una di quelle che il ragazzo regalava agli amici durante le riunioni nel fienile. Ma questa era una storia vera. Ale si ritrovò a piangere e sentì invadersi da un affetto infinito nei confronti del suo amico. Gli sussurrò "ti voglio bene" e lo fece arrossire.

piange un po' troppo spesso questa Ale :)

Calò il sole, e quando la notte si riprese la vallata si prepararono a riprendere il cammino verso "casa".

La luna era crescente, e le nubi ne velavano il pallido chiarore. Il buio era un buon segno. Era l'ultima fatica, l'ultimo rischio da correre.

Camminarono in silenzio, a distanza l'uno dall'altra, come gli aveva ordinato Nuto. Dopo un paio d'ore intravidero i primi tetti di Narbona e un drappo rosso, appeso all'albero sulla strada. Il segnale che la via era libera e la casa partigiana era ancora un rifugio sicuro.

Sotto quell'albero Alessandra, la prima della comitiva, attese gli amici: volevano arrivare insieme. Lei si mise al centro del trio e prese allegramente i due ragazzi sotto braccio. Sincronizzarono il passo, come dei soldati, ridendo, e così entrarono nella borgata.

Nuto li aspettava con la sigaretta fra le dita, lungo la strada. Era visibilmente allegro, forse anche un po' brillo, a giudicare dalla bottiglia di vino semivuota che teneva in mano.

"I miei soldati!" urlò, correndo loro incontro. Li abbracciò, strinse le gote dei ragazzi, accarezzò i capelli della ragazza e continuava a ripetere "I miei valorosi soldati!".

Il clima di allegria era contagioso e i tre ragazzi si lasciarono coccolare da quell'uomo duro e freddo quando serviva, ma che sapeva scaldarsi, e molto. Non si accorsero dei movimenti alle loro spalle, fino a quando una voce conosciuta li costrinse a voltarsi.

"E comunque la gara di coraggio l'ho vinta io."

Ale fu la prima a corrergli incontro.

"Antonio!" lo strinse forte.

"Hai visto, Adrien?" riprese il ragazzo. "Non zoppico più!"

Ed era vero, sistemato com'era su una sedia a rotelle.

"E chi calcia i rigori, adesso?" lo prese in giro l'antico nemico.

"Sto imparando, anche con questa," e toccò il bracciolo della carrozzina.

Michele scostò Nini e prese la sedia per le maniglie, urlando di gioia e facendola impennare.

"Barotto, stai attento, che hai la forza di un bue e la delicatezza di una trebbiatrice!"

Risero tutti, e continuarono così ancora per qualche minuto, fino a quando Nuto non gli disse di entrare dentro.

Il profumo dei porcini fritti era delizioso.

"E ora festeggiamo!" urlò un Nuto decisamente su di giri, versando un po' di vino nei bicchieri dei ragazzi.

"Nuto, ti devo dire una cosa," lo interruppe serio e compito Adrien. "A me non piacciono i funghi." E sorrise.

EPILOGO

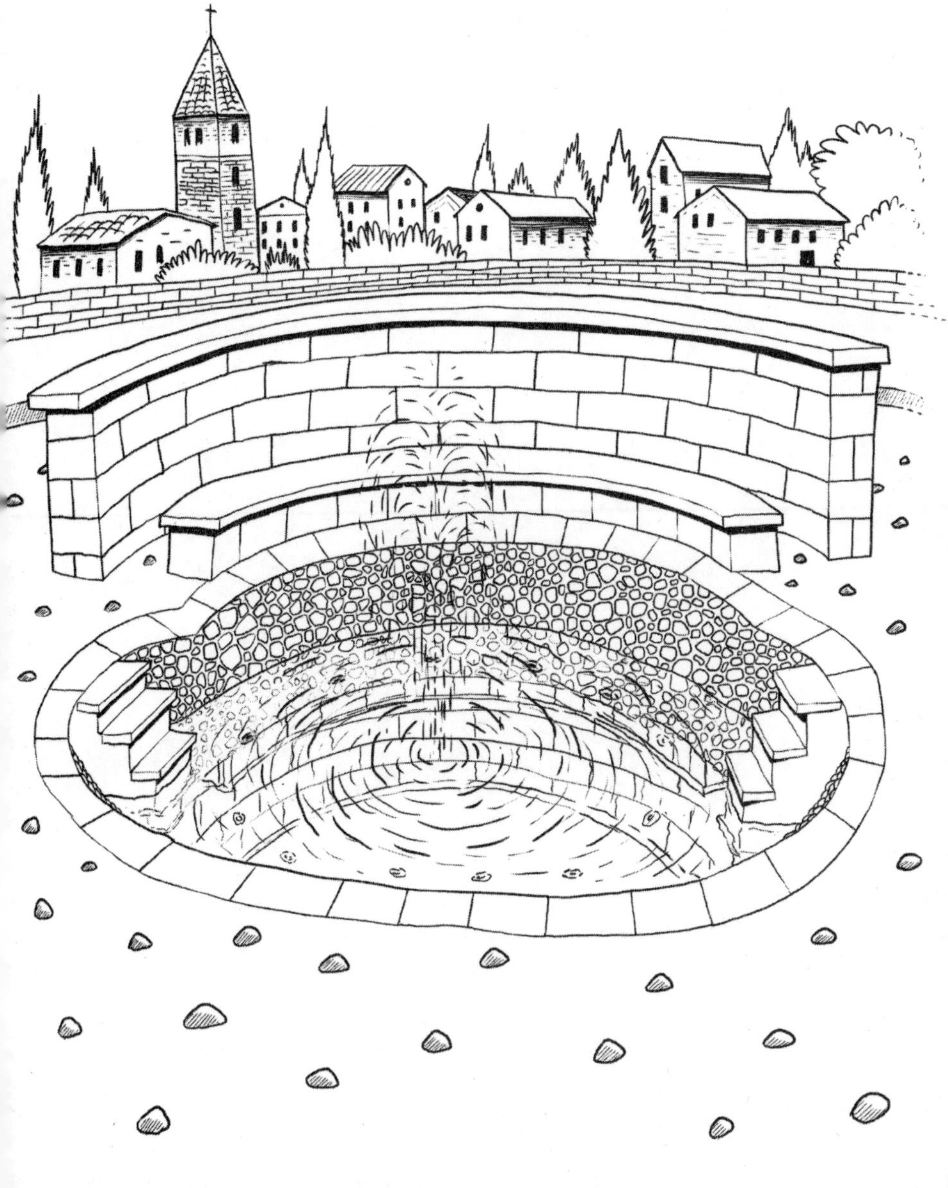

Un anno dopo

Gli ultimi ad arrivare furono Antonio e Michele.

"Prima che te lo dica Adrien, puzzi di vacca!" disse il ragazzo in carrozzina.

"Ma mi sono lavato!"

"Ti sei lavato nel *buri* di vacca!"

"Sei sempre il solito," rise Michele.

Con la coda dell'occhio il contadino vide Adrien e Ale scambiarsi un bacio e subito staccarsi imbarazzati quando li sentirono arrivare. Lo facevano sempre, quando c'era Michele. E lui era più contento così.

Adrien e Ale erano seduti sul gradino del Monumento. L'acqua nella fontana era invitante, e avevano preso l'abitudine di ritrovarsi lì, a una certa ora del pomeriggio, per fermarsi a chiacchierare, ridere e scherzare. L'antico oggetto del contendere, che aveva scatenato una guerra, era diventato il simbolo della loro amicizia. E se avevano ormai scordato la battaglia in paese, nessuno riusciva ancora a non pensare o sognare la notte l'incredibile missione partigiana che avevano vissuto.

Antonio si fece sollevare dalla carrozzina dalle braccia forti del contadino e si sistemò di fronte agli amici, e anche lui mise i piedi a mollo.

"Allora, Ale, hai deciso chi sposerai tra questi due cavalieri senza macchia e senza paura?" scherzò Antonio.

La ragazza sorrise, evitando di guardarli.

"Sto pensando di chiederti di fidanzarti con me, Antonio. Che ne dici?" rispose.

"Mi dispiace, bella ragazza, ma sono impegnato." Ed estrasse dalla tasca una foto, passandola alla ragazza.

Era un ritratto intenso di Alida Valli, la più bella attrice italiana, con una scritta a penna sul retro.

"Ad Antonio, che un giorno sposerò, Alida."

I tre ragazzi prima rimasero a bocca aperta, poi cominciarono a ridere tutti insieme.

Calò il silenzio, ma fu solo un attimo. Quando c'era Antonio non c'era silenzio che durasse più di un attimo.

"Ho deciso cosa farò da grande," disse solennemente il ragazzo. "Sarò un professore."

"Come la Giraudo?" chiese Michele, riferendosi alla professoressa di matematica più temuta del paese.

"No! Mica ai ragazzini che gli scende ancora il moccio dal naso! Farò il professore all'università, e insegnerò Fisica. E farò grandi scoperte sull'universo. Finalmente capirò come sia possibile che io e quel deficiente di Adrien siamo formati dagli stessi atomi!"

Risero tutti.

"E tu, Adrien? Notaio, come tuo padre, come il padre di tuo padre, come il padre di tuo padre di tuo padre e così all'infinito fino ad arrivare ad Adamo?" chiese Antonio.

"No," il ragazzo fece una pausa. "Io farò il giornalista."

"Ma se non sai nemmeno scrivere il tuo nome?!" lo canzonò.

"Questo lo dici tu, che non hai mai letto..." E prese un plico di fogli dalla tasca. "...questo."

"Dammi dammi."

"Per ora non se ne parla, prima devo finirlo."

"E cosa racconti? La sagra del fagiolo e del peperone?"

"No, è la storia di un partigiano che ha fatto la guerra in Russia."

Tutti pensarono a Nuto. Dal mattino successivo a quella sera di festa di un anno prima non lo avevano più visto. Avevano sentito raccontare che aveva avuto un incidente in moto in Francia, che era grave, aveva rischiato di morire, ma era sopravvissuto. Nulla di più.

"Io farò la dottoressa," disse Ale, senza che nessuno glielo avesse chiesto.

"Oh, che cariiiina," la canzonò Antonio. "E io sarò il primo paziente, anzi, se vuoi cominciare subito, ho un po' male qui..." E allungò le labbra come a volerla baciare.

"Tu hai male qui," replicò Ale toccandosi due volte la tempia con il dito.

"E tu, barotto?" chiese ancora Antonio.

"Io farò il mestiere più bello del mondo. Il contadino. Ma scriverò dei libri. Sarò il primo contadino scrittore."

Nessuno replicò, e tutti lo guardarono seri, convinti che sarebbe andata proprio così.

La macchina si fermò a pochi metri da loro. Prima riconobbero Nini, che scese dalla parte del guidatore. Dopo poco si aprì anche l'altra portiera. Ne comparve un uomo dalle spalle larghe e dalla postura fiera. Portava gli occhiali e fumava una sigaretta. La faccia era asimmetrica, come se ne mancasse un pezzo, e un naso importante, quasi un fungo appiccicatogli in faccia, gli si allungava sul viso. Sulla spalla destra gli cinguettava un canarino.

"Eccoli, i ribelli di Montecalmo," disse sorridendo, mentre andava loro incontro.

fine

the end

VOTO 10+

Cuneo, 24 maggio 1993

Caro Michele, mio unico grande amico,

ti ho salutato per l'ultima volta qualche ora fa. Ti ho guardato scendere nella terra di quel cimitero che quasi cinquant'anni fa fu il nostro campo di battaglia per quella "gara di coraggio" che fece iniziare tutto. Tua nipote mi ha consegnato un pacchetto: conteneva questo libro, che conosco molto bene. Ho riconosciuto la tua voce calma e quella stridula dei miei stupidi commenti a margine di allora. E per stare ancora un po' con te, appena tornata a casa, l'ho riletto, dopo tanti e tanti anni.

Ho riso, ho pianto, ho riprovato alcune delle emozioni che mi travolsero in quei giorni incredibili dell'estate più importante della nostra vita. E ti ho sentito lì, al mio fianco, mentre pagina dopo pagina rivivevo le nostre avventure "partigiane". La vita non è andata proprio come ce la immaginavamo. Io non sono diventata medico, solo infermiera. Antonio non è diventato professore, ma deputato. Onorevole a rotelle, come dice lui. Ma non ci ha dimenticato, e ogni volta che tornava da Roma ha sempre trovato il tempo per noi vecchi amici. Adrien è un notaio in pensione e chissà se ricorda con divertimento quella prima cotta, come la ricordo io.

Soltanto tu hai fatto quello che avevi promesso: sei rimasto un contadino, ma un contadino scrittore, e questo libro ne è la prova. Non ho mai capito perché tu non abbia voluto spedirlo a una casa editrice, ma poco importa: gli scrittori sono quelli che scrivono, non necessariamente quelli che pubblicano. Lo dicevi sempre, no?

Non hai avuto figli, forse perché il ruolo di fratello maggiore di mamma Gina era sufficiente. Ma sei stato uno "zio" fantastico, e invidio i tuoi splendidi nipoti per tutte le volte che hanno potuto ascoltare le tue storie e imparare la vita da te. Mi manca il tono pacato della tua voce, mi mancano le tue mani forti e gentili, mi manca il tuo sguardo fiero e timido. Quel bacio nella miniera è stato il primo e unico che ci siamo dati, ma tu sei sempre stato al mio fianco, come nessun altro mai. Amici, come quell'estate, complici, indispensabili l'uno all'altra, "soldati" dell'amicizia.

Ora va', coraggioso Michele. Lasciati alle spalle la terra e vola alto, leggero come non hai mai potuto essere, grande e generoso come la tua anima, che ti farà rimanere sollevato da terra, occupare il cielo e accompagnarmi per il tempo che mi sarà ancora concesso, se tu vorrai.

Ti porterò sempre nel cuore,

Ale

Nota dell'autore

Questo libro racconta una storia inventata. Non è un romanzo storico, anche se ho cercato, con molte libertà, di narrare un periodo della nostra storia che è realmente accaduto. La guerra nel nostro paese c'era, era vera e feroce, si sparava e si moriva. La mia generazione non l'ha vissuta, e l'ha sentita raccontare dagli altri. Dai nonni più che dai genitori. Ma era un racconto vivo, soprattutto nel Cuneese, dove ho vissuto la mia infanzia, e non solo. Lì, dove i partigiani avevano combattuto, avevano vinto, avevano perso, erano caduti, si parlava spesso di quelle storie. Da bambino, a scuola, l'ho sentita raccontare, quella guerra partigiana, da un testimone speciale, quel Nuto Revelli che ho voluto omaggiare dandogli il nome del partigiano protagonista del racconto e "portandocelo" dentro. Mi sono immaginato di riempire un piccolo buco dei diari di guerra partigiana del soldato, partigiano, scrittore, testimone: il suo libro *La guerra dei poveri*, in cui pubblicò i taccuini che compilava diligentemente ogni giorno, dal 21 al 25 giugno non riporta fatti e annotazioni, mentre è estremamente puntuale nell'appuntare fatti e pensieri nei giorni immediatamente precedenti e successivi. È in quella settimana fantasma che ho ambientato questa storia alternativa e parallela, mettendo in scena anche il suo "vero" portaordini, Nini, ovvero Sebastiano Mondino, e citando l'amico Livio, che sarebbe Dante Livio Bianco, altro grande eroe della Resistenza. Credo che il vero Nuto non avrebbe mai mandato in missione, col rischio di morire, dei bambini, tuttavia – forse – avrebbe fatto e detto alcune delle cose che gli faccio fare e dire. O forse no. Ma se anche solo a una lettrice o un lettore arrivati fino a qui venisse voglia di conoscerlo meglio leggendo i suoi libri, be', la mia piccola missione avrebbe già dato un grande risultato.

E.R.

Ringraziamenti
(con tante parentesi)

Questo libro deve molto (e io pure) alla mia editor Chiara Fiengo.

Grazie alla redattrice Gaia Margutti, preziosissima e attenta lettrice.

Doppio grazie a Maria Paola Romeo, amica e agente (ma in quest'ordine).

Grazie alle amiche e agli amici che hanno letto il libro in corso d'opera e/o mi hanno incoraggiato a vincere la timidezza dell'"esordiente": Lucia Stipari (ti sono debitore, coach), e Anna Moraglio (basista cuneese e catalizzatrice di cose belle); e poi, Fabrizio Marengo (che vorrei sempre nella mia "banda"), Giulia De Biase, Francesca Lang, Marta Zanotti, Marta Conte, Angela Lombardo, Antonella Rocchitelli, Sara Chiappara, Carlo Annese.

Grazie al clan dei Piazzoni (e in particolare ai giovani lettori Edo e Maddi).

Grazie a Pierdomenico Baccalario (lo "chef Gusteau" della scrittura) e a Manlio Castagna (entrambi qui nella parte dell'amico).

Grazie a Giulia Ferraris e Giulia Serale della Fondazione Nuto Revelli di Cuneo, per la impagabile lettura e per avermi profondamente emozionato, mostrandomi i diari di Nuto.

Grazie a Carla Dadone, la mia maestra delle elementari (è un po' colpa tua, lo sai).

Un grazie speciale a Elena Cometti, sorella acquisita, a Eleonora e ai miei ragazzi: Giovanni (che dopo aver letto metà libro mi ha detto "Ci sta", che credo equivalga a "Bravo, papà", ma magari mi sbaglio) e Agata (che lo leggerà solo nella versione finale, che in effetti è molto più bella dei fogli stampati).

E infine grazie ai miei genitori Franco e Franca, a cui voglio un mondo di bene, anche se non ce lo diciamo quasi mai (siamo piemontesi, in fondo in fondo).